Bénicia Emmanuele LEMBE

La vie chrétienne : un modèle de vie par excellence

Bénicia Emmanuele LEMBE

La vie chrétienne : un modèle de vie par excellence

Actes 11 :36… Ce fut à Antioche que pour la première fois, les disciples furent appelés chrétiens

Éditions Croix du Salut

Imprint

Cover image: www.ingimage.com

Publisher:
Éditions Croix du Salut
is a trademark of
Dodo Books Indian Ocean Ltd. and OmniScriptum S.R.L publishing group

120 High Road, East Finchley, London, N2 9ED, United Kingdom
Str. Armeneasca 28/1, office 1, Chisinau MD-2012, Republic of Moldova, Europe
Printed at: see last page
ISBN: 978-620-3-84608-9

SOMMAIRE

Chapitre 1 : L'OBEISSANCE

Comment il parvenait à connaître la volonté de Dieu, puisqu'il ne faisait jamais aucune transaction, si petite soit-elle, sans avoir d'abord la certitude que c'était la volonté de Dieu. À cette question, il répondit :

J'essaie de garder mon cœur dans une telle condition qu'il n'avait pas de volonté propre en l'affaire. Sur dix problèmes nous déjà la solution à neuf lorsque notre cœur est prêt à faire la volonté du Seigneur, quelle qu'elle soit. Lorsque nous arrivons véritablement à ce point nous sommes presque toujours très près de savoir quelle est sa volonté

Georges Muiller, dans Les héros de la Foi

Cette vie que nous avons choisie est celle qui nous emmènera là où nous devrions arriver je dis de cette phrase que l'obéissance à la parole de DIEU surpasse toute forme d'intelligence , car c'est le début d'une sagesse, vous savez un chrétien qui n'est pas encore parvenu à l'obéissance de Dieu, ne l'a pas encore connu, juste pour dire que « **Ton niveau de spiritualité détermine ton niveau d'obéissance** » seule l'obéissance à la parole de Dieu peut nous faire rentrer dans notre destinée, quand on va à l'encontre de cette parole c'est là que nous détruisons ce que Ce Merveilleux ETRE a prévu pour nous.

On aura beau prophétiser sur nos vies, on aura beau prononcer des belles paroles sur nos vies, mais l'essentiel c'est le prix à payer et ce prix n'est autre que l'obéissance au logos, l'obéissance à la voix du Seigneur, un jour un Homme de Dieu m'avait dit que « **L'essentiel n'est pas de vouloir devenir, mais le prix à payer** » c'est alors que je compris les paroles de Paul dans **(Romains 7:19)** le bien que l'on veule souvent faire nous ne le faisons pas car nous ne payons pas le prix , souvent on a tendance à dire que Dieu voit au cœur , certes mais le royaume des cieux est fait pour les violents , seuls ceux qui payent le prix s'en emparent **(Matthieu 11 :12)** .

je suis arrivée à un niveau de ma vie spirituelle où je ne faisais et reprenais que les mêmes bêtises, je tombe je me relève et je tombe encore c'était mon apanage car je ne faisais aucun effort, je pensais que tout était déjà acquis, alors que nous savons que rien ne s'acquiert aussi facilement on doit **PAYER LE PRIX** et c'est alors que le Saint-Esprit lui il nous aide à arriver, c'est un comme peu comme avec l'école, il faut faire un peu d'effort pour réussir , mais quand tu ne forces pas du tout comme on le dit si bien dans le jargon ivoirien à quoi t'attends-tu à voir ? Tu auras juste le résultat de ce que tu as semé, avec Dieu on ne triche pas comme à l'école, je veux dire qu'à l'école tu n'as pas forcément besoin de faire les efforts pour réussir (je ne conseille de le faire d'ailleurs) , mais nous trichons avec le Saint-Esprit car il nous donne la force quand nous sommes faibles, il regarde à nos efforts et nous ajoute ce que nous manquons, Il nous propulse quand nous sommes en arrière , il regarde aussi à ce que nous sommes capables de faire pour lui, jusqu'où nous pouvons arriver pour Lui , pour sa cause, Dieu aime des gens qui se sacrifient eux-mêmes pour lui, leur récompense sera grande .

C'est un peu comme en amour, on fait toujours des sacrifices pour l'être aimé et on l'accorde toujours du temps c'est ce que j'ai souvent l'habitude de dire, quand on aime réellement quelqu'un on est prêt à presque tout faire pour cette personne, juste pour son bonheur, on travaille notre comportement pour cette personne pour lui rendre heureuse, c'est de même non seulement on change pour la personne , mais on ne souhaite que son bien en l'apprenant le droit chemin, en l'aidant à devenir la meilleure version d'elle-même c'est ce que Dieu fait de nous , il nous brise pour que son règne soit en nous , pour que nous devenons les personnes transformées à son image **(1corinthiens13)** parle de cet Amour du vrai Amour, c'est l'Amour de Dieu .

L'amour c'est notre part d'obéissance à la parole de Dieu, quand Saul avait désobéi à la parole, il avait fait des holocaustes à la place de Samuel, Samuel lui fit comprendre que l'obéissance vaut mieux que les sacrifices **(1samue l5 :22),** il est bien vrai que nous allons nous sacrifier pour Dieu, en venant à l'église tous les jours , on nettoiera sa maison, on jeunera, on priera , mais l'obéissance à la parole de Dieu vaut bien plus que tous ce que nous pouvons faire quand il n'y'a pas la part d'obéissance à Dieu.

Jésus dit à ses disciples que s'ils ses commandements demeurent en eux, lui-même il sera avec eux, Dieu dans l'ancienne alliance il répète à maintes reprises si tu obéis, je ferai ceci, je ferai cela ***(Josué 1 :8-10)***. Dieu n'attend pas que l'on l'adore tout en étant éloignés de lui, nous obéissons à Dieu si notre cœur lui est offert totalement, ce qui révèle en nous le modèle de Christ c'est l'obéissance, Christ le Messi s'est rendu obéissant jusqu'à la mort. Nous aussi devrions tout faire pour lui être semblables.

Chapitre 2 : DANS LE SECRET

Dans le secret en réalité Dieu se manifeste à ceux qui désirent ardemment sa présence et qui payent le prix pour cela, la relation avec Dieu nécessite beaucoup d'entretiens, elle nécessite la communication et la communion, celle-ci est la plus belle qui puisse exister.

On ne s'est jamais demandé comment certains hommes de même nature que nous sont devenus intimes de Dieu, amis du créateur, devenir amis de quelqu'un c'est d'abord l'accepter n'est-ce pas , un exemple palpable sur Facebook il y'a ce qu'on appelle des invitation d'amis, ou demande d'amis, il y'a refuser ensuite accepter, on est pas obligé d'accepter , chacun sait sur quoi il se base pour accepter du moins choisir ses amis, personnellement j'ai mes critères à moi et que je n'adhère pas à toutes les invitations. Pour dire que devenir un intime de Dieu n'est qu'un choix, dans le monde visible nous savons ce qu'il faut pour entretenir une relation d'amitié, le nécessaire qu'il faut.

Avec Dieu en temps normal nous ne manquerons pas à dire s'il est vraiment cet Ami fidèle que nous croyons avoir parce-que dans une relation d'amitié , on a besoin de confiance de communication, car traversant les moments difficiles seuls ceux en qui nous avons confiance ont accès à nos problèmes, Dieu est le plus fidèle, j'ai été touchée par la fabuleuse histoire d'Abraham qui parlait avec Dieu, il est allé jusqu'à proposer à Dieu de ne pas détruire Sodome et Gomorrhe tellement son niveau d'intimité avec Dieu était élevé, il ne faut pas seulement aspirer , mais le devenir est encore plus intéressant. Ces héros de la foi sont des hommes de notre ère, Dieu est le même hier aujourd'hui et éternellement, ce sont juste nos sacrifices qui ont changé, sinon il reste inchangé ce merveilleux Dieu.

« La plus grande intimité avec DIEU commence dans notre cœur » Elle commence dans notre et ensuite exige assez de sacrifice, c'est -à-dire payer le prix pour son intimité, l'entretenir telle une relation d'Amour, car c'est Dieu notre premier amour.

Même si mes sentiments pour mon mari sont forts, mais l'Amour de Christ surpasse tout autre car j'ai compris qu'il n'y'a de tel dans l'intimité avec Dieu, j'ai compris que dans l'intimité avec Dieu il n'y'a pas de place pour l'infidélité, c'est comme tromper son mari , car chaque fois que j'étais infidèle à mon propre corps , le Saint-Esprit me le rappelait, dans mes visions , dans mes songes ,il m'avertissait, je le savais, je savais que j'étais en déroute , mon cœur même était brisé car je m'éloignais d'un être précieux pour les plaisirs de ce monde qui ne mène nulle part juste à le perdition ,Le Saint-Esprit me disait « L'intimité demande la confiance, l'écoute et également l'obéissance , on ne peut prétendre être intime de Dieu et ne pas lui obéir, non. Et on ne peut prétendre être intime de Dieu et que Dieu ne nous révèle notre propre vie, mais qu'il passe par quelqu'un d'autre non. Un homme de Dieu disait notre relation avec Dieu devrait être une relation de partenariat (David Yong gui Cho).

Vous voyez cette intimité n'est pas une chose à chercher parce-que x ou y cherche le fait, on cherche l'intimité pour connaitre son plan pour notre vie, pour être toujours à ses pieds. C'est laconique de penser que cette intimité s'acquiert sans efforts, ni sueur. Si dans nos relations terrestres nous exigeons des sacrifices à plus forte raison notre créateur. J'ai compris que dans toute relation il y'a un désir de la personne qu'on aime dans son entièreté. Dieu nous veut entièrement non en partie.

On est envieux des relations des autres avec Dieu on cherche souvent à ressembler à sans savoir le prix à payer pour y parvenir, demandons juste au Saint-Esprit de nous fortifier et que lui seul peut nous donner la force de payer le prix. L'intimité avec Christ requiert un renoncement total de soi-même , c'est vivre pour quelqu'un d'autre, faire plaisir à quelqu'un d'autre , vouloir uniquement lui rendre heureux, ***notre relation avec Dieu ne doit pas que se limiter à la relation père et fils, mais époux et épouse*** (d'après le pasteur Mohamed Sanogo lors de la conférence équilibre 2022 dont le thème a porté sur la puissance l'amour) parce-que seule l'épouse peut voir ce que le fils ne voit pas chez le père , c'est une relation très intime, recherchez donc une relation plus intime avec Dieu car c'est qui fera toute votre vie.

Chapitre 3 : AYANT RECONNU MA POSITION DE PECHEUR

Quel amour ! quelle souffrance ! pour un être qui n'en vaut pas la peine .Ayant reconnu ma position de pécheur, et ayant connu mes faiblesses, c'est alors que Christ se manifeste en nous, **ce n'est ni par la force ni la puissance, mais par mon ESPRIT dit le SEIGNEUR** , la première des choses quand on s'approche de DIEU, c'est de reconnaitre sa position de pécheur, car JESUS dit qu'il est venu pour les pécheurs , nous qui sommes perdus et nous voici sauvés par son sang versé sur la croix, le problème est parfois la méconnaissance de notre position pécheresse, on se dit « déjà arrivé » , arrivé où ?

On se croit trop parfait pour reconnaitre son péché, **« Il n'y'a pas de juste sur la terre même pas un seul »,** écrit dans le livre de ***(romains3 :10).***

l y'a en DIEU le pardon de tous nos péchés, **pourquoi reconnaitre sa position de pécheur** ? répondons à cette question, tout d'abord CHRIST est mort à la croix du calvaire pour nous racheter de nos iniquités, de nos souillures, il nous aime et lui seul est capable de nous pardonner et nous faire naitre de nouveau par la nouvelle naissance, il est le rédempteur de tous ceux qui le cherche.

Je n'avais jamais compris que cette volonté de faire du bien était combattu par ma propre chair jusqu'au jour où j'ai écouté la prédication du Pasteur Marcello Tunasi sur **COMMENT VAINCRE LE PECHE** que notre volonté seule ne suffit pas mais nous devrions faire recours à DIEU, car trop souvent par nos propres efforts nous pensons vaincre le péché, il n'y'a que l'ESPRIT DE DIEU qui puisse nous transformer , ce qui m'a marqué dans cette prédication c'est cette phrase « ESPRIT DE DIEU FORTIFIE MON ESPRIT » c'est cela le plus important, notre chair est faible, mais l'ESPRIT DE DIEU NOUS VIVIFIE, j'ai compris que malgré ta volonté de faire du bien, mais si elle est sans DIEU elle est vaine, combien parmi nous en avons marre de retomber sur les mêmes bêtises d'hier, combien ont de l'amertume dans le cœurs à cause des erreurs du passé, combien ont le cœur meurtri à cause du péché qui est dans leur vie, combien luttent contre un péché, etc…

Reconnaissez que vous êtes faibles devant DIEU, reconnaissez simplement votre position de pécheur, car la bible dit « Heureux les pauvres en esprit, car le royaume des cieux est à eux » Matthieu5 :3

‘’Père je suis un pécheur, je suis misérable, sans ton Esprit je ne suis rien, je désire ton Esprit plus que tout, seul lui peut me fortifier et faire de moi un être surnaturel, je sais que grâce à la personne du Saint-Esprit je suis un être transformé(e), c’est à cause du sang de JESUS-CHRIST je suis pardonné(e), Seigneur fortifie mon esprit, aujourd’hui et pendant le reste de mes jours sur cette terre jusqu’à ce que Tu reviennes MON DOUX JESUS Amen !

Fais cette prière et laisse ta vie être transformée par l’ESPRIT DE DIEU, et vis pleinement ta vie chrétienne.

Chapitre 4 : DE LA SÉPARATION A LA MANIFESTATION

Quelle séparation ? De qui ou de quoi se séparer ?

C'est la partie la plus importante et le début d'une grande histoire. Un renoncement à soi-même permet à Dieu de se manifester davantage, ce n'est pas une chose facile de stopper avec ses bonnes vieilles habitudes, d'arrêter de côtoyer des gens avec qui on a tissé des liens et se détacher de ceux qu'on aime vraiment, de quitter sa Terre natale vers un monde inconnu où seul Dieu est notre guide, où lui-même règne en maitre, qu'est-il arrivé à Abraham qui devrait quitter sa Terre natale vers un endroit que Dieu seul lui donnerait (Genèse 12) et aussi Moise qui n'avait pas la langue facile mais Dieu l'a voulu autrement.

Cette séparation d'avec le monde pour voir la manifestation de la main de Dieu. On se sacrifie pour Dieu car en voit en lui cet intérêt de le faire ce n'est pas du forcing , mais une obligation pour Dieu une chose que nous sommes appelés à le servir il peut user de tous les moyens possibles pour nous ramener à la raison qu'était-il arriver à Jonas la Bible nous en parle et nous pouvons voir cela dans le livre de Jonas comment Dieu utilise des voies et moyens pour nous séparer de notre zone de confort et nous emmener à lui , afin d'obéir à son dessein pour nous , j'ai l'assurance que Dieu a des bons plans pour tout un chacun de nous il est tel un père et chaque père quel qu'il soit a toujours un bon plan pour ses enfants mais souhaite aussi et souvent que ces derniers fassent ce que lui veut , Dieu désire que nous renonçons à nous-mêmes afin de vivre pour lui . Et pour cela il facilitera toutes choses cela ne veut pas dire que ce sera facile à la manière des hommes non, mais l'Esprit de Dieu nous fortifiera, il nous donnera des atouts nécessaires pour traverser ce désert,

Il y'a une puissance telle dans la séparation , qu'il est important pour nous de se séparer de tout ce qui nous donne un plaisir charnel tout en nous éloignant de Dieu, de se séparer de certaines personnes pour rentrer dans notre destinée , de se détacher de certaines choses, de certaines passions propres pour les mettre au service de Dieu dans l'ancienne alliance , quand Moise devrait se rencontrer avec Dieu, il quittait le peuple d'Israël, bien qu'il soit le peuple bien-aimé de Dieu, La séparation nous fait vivre le surnaturel, elle nous emmène dans une autre dimension de connaitre Christ, les lévites eux pour être entièrement consacrés à Dieu il leur fallait se séparer des enfants d'Israël , Dieu nous le demande très souvent **(Nombres 8 :14),** Dieu aime être lui seul au centre de nos vies, car il sait que par nous-mêmes nous serons exposés à un certain nombres de choses susceptibles de nous égarer et nous éloigner de lui facilement, nous sommes bien conscients de cela nous qui sommes chrétiens des choses qui peuvent nous séparer de l'Amour de Dieu, mais ce sont les mêmes choses que nous chérissons et nous disons très souvent « C'est plus fort que moi » rien est plus fort que notre volonté à avoir quelque chose et la force que Christ nous donne . Il est très souvent difficile de se détacher de quelqu'un qu'on aime mais qui peut être nuisible à notre destinée, de certaines choses car on les aime trop.

Un jour pendant que je méditais la parole de Dieu, une pensée m'est venue à l'esprit, pourquoi il y'a-t-il de combat entre notre chair et nous (notre volonté) et j'ai eu la réponse, très souvent ce combat ; cette lutte n'est pas avec toute chose, mais c'est une catégorie des choses que nous aimons et que faisons, parce que si je ne fume pas et que je n'aime pas le faire d'ailleurs comment pourrai-je avoir une lutte avec ma chair sur ce que je ne fais pas et sur ce que je n'aime pas, c'est la loi de la chair que décrit Paul dans Romains 7, cette loi nous tire toujours vers le bas , c'est le monde des choses charnels auxquelles nous sommes encore attachés , bien qu'étant enfant de Dieu la chair est là, tous les jours elle est susceptible de nous appeler en réalité, bien que la chair soit faible, de fois nous y accordons assez d'importance qui nous détourne du but, il nous faut crucifier la chair ***(Galates2 :20: j'ai crucifié la chair avec ces désirs , si je vis ce n'est plus moi qui vit, mais Christ qui vit en moi)*** .Le problème c'est de se considérer mort au péché et vivant pour christ , juste le mort ne peut plus avoir les problèmes d'impudicité, d'Ivrognerie, de vol , de commérage, de jalousie etc… un mort ne vole pas, il ne fume pas , il ne convoite pas.

Le problème parfois vient de notre incrédulité à la parole, on se pose mille et une questions sur les choses de Dieu, on limite Dieu et sa Puissance et le pire de tout est que nous comptons sur nos propres efforts en ignorant que ceux qui se confient en l'Eternel sont comme la montagne de Sion , ils ne chancellent point, ils sont affermis pour toujours, un tas de problème que nous rencontrons vient de fait que nous ne connaissons pas réellement qui est Dieu et ce dont il est capable, nous connaissons juste une partie de lui .

En cherchant à connaitre Dieu dans sa totalité nos yeux seront de mieux en mieux ouverts , nous verrons très clair et nous vaincrons tout ce qui nous rend faibles et vulnérables, Dieu a le pouvoir de faire du bien à un cœur blessé , c'est aussi ça la chair, elle nous fait culpabiliser sur nos erreurs en pensant que nous sommes infaillibles , invincibles , on doit admettre que sans Dieu nous ne sommes rien, et que sans lui notre vie est semblable à une paille, les vraies solides fondations sont Christ , en Christ nous bâtirons des maisons sur le rocher , peu importe le vent Christ nous protège.

La culpabilité de mes actions à un moment de ma vie m'avait assaillie, je faisais pitié à voir aux yeux de DIEU je rentrait dans sa présence en sanglots, je n'arrivais pas à lui parler, mais je sais qu'il connait tout, je sais qu'il m'avait pardonné, mais je ne me faisais pas à l'idée d'avoir fait ces choses que je n'ai jamais imaginé faire de ma vie, le problème est que j'avais une trop estime de moi-même Dieu a brisé cela et m'a fait comprendre que ce n'est ni par la force , ni par la puissance, juste par son esprit, il me fallait me séparer de ce vieil homme pour revêtir du nouvel homme , cet enfant bien d'innocence qui ne sait que vivre de la grâce de Dieu. Christ s'était manifesté en moi, et je compris que nous devons sortir de notre zone de confort parfois, nous devons nous séparer de notre propre orgueil pour que la présence de Dieu soit effective dans notre vie, faites de votre mieux de laisser tout ce qui peut vous éloigner de Dieu et faites-lui juste confiance et vous verrez votre vie prendre un nouvel élan, ce qui compte c'est ce que Dieu dit de vous rien d'autre.

Chapitre 5 : CE QUI NOUS SÉPARE DE DIEU

Chaque croyant sait ce qui nous sépare de Dieu, quand Dieu créa l'homme dans le jardin tout était parfait jusqu'au jour où l'homme désobéit à Dieu, le livre de genèse 3 donne la réponse à cette question : qu'est-ce qui nous sépare de Dieu ? au verset 8 du chapitre 3 ***« …L'homme et la femme se cachèrent loin de la face de Dieu … » Genèse 3 :8.***

Le péché lui-même va nous conduire volontiers à haïr la présence de Dieu, à avoir peur, tous avons au moins une fois de notre vie ressenti cela, ce sentiment d'être un(e) grand(e) coupable aux yeux de Dieu, et très souvent dans ce genre de situation notre vie de prière et de méditation de la parole deviennent stagnées, car il y'a une séparation d'avec Dieu, la bible montre carrément comment le péché nous rend ; il rend coupable, il donne de l'amertume. Quand nous sommes éloignés du père nous le savons ; ***un jour au lycée je parlai à une amie en lui disant que je me sentais coupable envers Dieu pour quelque chose que j'avais fait et que j'avais honte de rentrer dans la présence de Dieu car je me reprochais de quelque chose, elle me fit savoir qu'elle avait le même sentiment quand elle sentait désobéir à la voix de Dieu.***

Nous ne devons pas avoir peur ou bien honte, ou encore se sentir coupable pour ne pouvoir entrer dans la présence de Dieu, il est venu pour les malades le Christ, il sait que nous sommes pécheurs de toutes formes d'iniquités, il sait que nous ne sommes pas saints, ni parfaits malgré nos prétendus efforts de sainteté, malgré de notre orgueil à montrer que les épreuves et tentations sont contrôlées par nous, loin de là. Dieu connait tout, il sait tout, quelles sont nos limites et nos forces.

Entant qu'enfants de Dieu, on peut juste choisir de laisser à Dieu toute notre vie, avoir les yeux uniquement fixés vers le royaume, ne désirer autre chose que l'Amour de Christ, son pardon et sa volonté, et ce qui nous sépare de Dieu peut avoir plusieurs causes, dans le cas d'Adam et Eve c'était une envie de vouloir avoir la connaissance ; de vouloir se faire égaux à Dieu, leur désir était de connaitre comme Dieu et même plus que lui. Le plus péjoratif de tout, c'est l'orgueil que l'homme nourrit, ***« Dieu résiste aux orgueilleux, il fait grâce aux humbles » (jacques 4 :6).***

Le péché est aussi de se reconnaitre non pécheur devant Dieu, c'est se croire au top niveau sans l'aide de Dieu, se suffire à soi-même en prétextant être fort sans que le Seigneur Jésus-Christ étende sa tendre et divine main sur soi. C'est renier la Puissance de Dieu, son Esprit-Saint, cette notion du Saint-Esprit n'est pas réellement prêchée dans nos assemblées, c'est uniquement un brief aperçu sur la personne du Holy-Spirit qui nous est donné. Je rends grâce à Dieu qu'à ma première année d'université il m'a donné de comprendre ce que c'était réellement le Saint-Esprit, son rôle et la place qu'il occupe dans nos vies, renier la présence du Saint-Esprit ou son existence, c'est renier Dieu lui-même, Dieu est Esprit et le Saint-Esprit est l'héritage de tout chrétien qui désire être utilisé et être conduit par lui.

C'est un péché de penser que Dieu ne puisse nous délivrer du péché, c'est un péché aussi de penser que Dieu aime uniquement les hommes intègres, la bible que Dieu a ses yeux sur sa création, pécheurs, hommes saints, sages, etc... C'est lui qui a créé le monde et il se doit de veiller sur lui. La parabole de l'enfant prodigue fait montre également d'une rébellion que l'homme développe à l'égard de Dieu. Mais quand le fils s'en est allé, il regretta le toit familial parce qu'il était devenu vulnérable à tous vents et marrées, ainsi sommes-nous quand nous sommes dans le péché, nous vivons une vie misérable.

L'enfant comprit qu'auprès de son père il avait tout ce qu'il voulait, il ne manquait de rien, mais qu'est-ce qui lui a pris de vouloir demander son héritage et s'en aller ? On ne saurait certainement dire de quoi ce jeune homme était animé, il a voulu avoir ce qui lui a été promis avant le temps idéal.

Le fait que nous désirons les choses qui ne sont pas dans le temps de Dieu nous sépare véritablement de lui, nous empêchent de connaitre quelle est sa volonté pour notre vie. Quand nous sommes loin de Dieu, nous devenons une proie pour le diable qui rode sans jamais se lasser pour chercher qui dévorer, qui est en mouvement continu pour prendre les âmes égarées, pour les emmener à lui.

Nous jouons parfois avec le péché, nous ne prenons pas du tout au sérieux ce que nous faisons, nous ne prenons pas conscience de notre statut de Chrétien (celui qui a la vie de Christ) nous agissons comme bon nous semble, nous nous livrons à nos penchons tout en ignorant le véritable but de notre vie Chrétienne, c'est celui d'arriver au ciel, celui de combattre le bon combat et remporter la victoire bien évidemment.

Le taux élevé du péché à l'église de Dieu c'est le fait que beaucoup ignorent qui est Dieu réellement, beaucoup ne prennent pas la peine de connaitre et comprendre la philosophie de Dieu, ***Dieu est esprit et que ceux qui l'adorent le fassent en esprit et en vérité*** **(Jean 4 :24),** le péché s'est accru dans le corps de Christ comment le Saint-Esprit du temps des apôtres puissent-ils encore agir où règne le mal ? L'Esprit de Dieu en voulant régner trouve déjà un autre maitre que lui, notre statut de Chrétien doit nous faire prendre conscience que Dieu doit être notre seule priorité, on ne peut servir Dieu et le péché à la fois, la bible dit que ***« qui commet un péché est esclave du péché » (jeann8 :34)*** c'est ce principe. Devenez donc esclave de Dieu pour avoir la meilleure des vies qui soient sur cette Terre et les récompenses dans le ciel.

Le péché aussi vient à nous du fait que désirons connaitre les choses qui ne servent à rien dans notre foi, elles produisent l'incrédulité, croire en Jésus-Christ est un choix de vie et nous en devrions assumer les faits, nous voulons quelques fois faire des analyses avec la parole, l'interpréter à notre guise pour nous donner la liberté de vivre la vie que bon nous semble, Dieu nous demande de ne rien ajouter , ni de rien retrancher , cette parole a existé au temps des prophètes , des apôtres et elle nous a été annoncée

Chapitre 6 : LE PRINCIPE DU MÉDECIN

On connait tous un médecin mais certainement dans une dimension, mais je voudrais que vous compreniez le sens même du médecin et qu'à partir d'aujourd'hui, vous connaitrez autrement le médecin, et quel est son rôle dans votre vie. Je parlerai du médecin par excellence qui est Jésus-Christ.

Souvenez-vous que le médecin dans sa vocation est de recevoir des patients qui ne sont autre que les malades, quand on est bien portant on n'a pas besoin de médecin, Jésus-Christ est venu sur la Terre pour que nous soyons guéris et sauvés par lui, pour que nous recevons une paix telle que le monde ne saurait nous donner **(jean 16 :24).** Il y'a une dimension du médecin Jésus-Christ que les autres n'ont pas c'est que ***Jésus-Christ est venu lui-même se livrer sur la crois du calvaire pour que nous ayons la vie et soyons guéris et sauvés.*** *Esaïe 53,* ***tandis que nos médecins eux attendent que nous allions vers eux.***

Dans le principe du médecin qui n'est autre que Christ, il y'a trois dimensions importantes à savoir :

- Celui qui vient vers nous
- Celui vers qui nous allons
- Celui qui nous prescrit l'ordonnance et qui se charge de nous guérir

1. <u>Celui qui vient vers nous</u>

A la différence des médecins de ce monde, notre Seigneur est venu vers nous , il a habité dans la chair bien qu'étant Dieu , il s'est fait petit , il n'a pas ouvert sa bouche semblable à une brebis qu'on mène à l'abattoir, ce Jésus-Christ est merveilleux il n'a pas vu à son titre de grand médecin pour habiter parmi nous , il a regardé à sa mission, il a regardé aux malades que nous sommes , qu'arriverait-il si un médecin refusait les patients sous prétexte de leur degré de maladie qu'adviendra-t-il si un psychiatre refusait d'aider ceux qui ont de troubles mentaux sous prétexte que ce cas est grave d'ailleurs il en existe des cas où le médecin se reconnait ne pas être à la hauteur de certains cas de maladies, existe-t-il dans ce monde des médecins qui aillent de ville en ville chercher des malades ? Pourtant Christ que nous appelons le médecin par excellence est lui-même descendu de son trône de gloire, il a habité parmi nous avec tant de bonté. C'est le seul dans ce monde qui cherche des patients afin de les guérir. Il dit qu'il est venu pour les malades, pas pour ceux qui sont bien portants.

2. <u>Celui vers qui nous allons</u>

Jacques nous dit de nous approcher de Dieu et il s'approchera de nous, de nettoyer de nos mains pécheurs que nous sommes afin que sa main de grâce soit sur nous, comme dit en amont, les médecins généralement ne se déplacent pas pour aller chercher les malades, les malades peu importe leur maladie feront un effort de voir le médecin même si ce n'est pas par eux-mêmes, leurs parents sont présents et peuvent le faire, d'autres le font très souvent. C'est de même avec Christ , nous devons aller vers lui pour nous dépouiller de nos fardeaux, de nos rancœurs, de nos peines de nos désarrois, Christ est celui qui peut nous sauver , seule sa parole peut nous soulager, la Bible dit que ***: « si le fils de Dieu vous affranchit, vous deviendrez réellement libre »(Jean 8 :36)*** et ***« ..que la vérité vous affranchira » (Jean 8 :32)***, mais très souvent nous avons peur de nous approcher de Dieu, nous nous disons trop pécheurs pour que Dieu nous accepte en tant que fils /fille , entant que ses enfants. J'ai compris une chose avec les humains c'est que nous entant que pécheurs nous repoussons souvent ceux qui agissent de façon plus odieuse que nous à telle enseigne qu'il est difficile pour nous de les accepter, de créer l'amitié avec eux, ou même de leur pardonner ; on se dit que Dieu pense aussi comme nous et qu'il est difficile pour Dieu de nous accepter et de pardonner nos offenses en retour , non les pensées de Dieu ne sont pas les pensées de l'homme et la sagesse de l'homme est une folie aux yeux de Dieu. Mais Dieu n'est pas comme nous sinon il n'y'aurait jamais eu de Sauveur, l'homme devrait périr dans son orgueil, Dieu est si bon qu'il a vu que l'homme courait un grand danger, il lui fallait un consolateur, quelqu'un qui le fortifierait, qui lui donnerait courage, quelqu'un qui expierait ses péchés, quelqu'un qui le rachèterait au prix de son sang, C'est celui-vers qui nous devons aller,

La femme à la perte de sang pendant douze ans ne trouvait aucune solution à sa maladie, mais elle n'est pas restée chez elle quand elle eut entendu du Sauveur, elle savait qu'en touchant juste le pan de la robe de Jésus-Christ elle trouverait la solution (Marc 5 :2(-31), Zachée non plus ne resta pas chez lui quand il eut entendu parler de Jésus-Christ, il alla vers Jésus, bien qu'il montât sur un arbre , mais son geste parla beaucoup et Jésus-Christ l'avait aperçu (Luc 19 :1-10) . Nous devons comprendre que Jésus-Christ est une vaste étendue pour tous, il ne se prive à personne, il est ouvert à ceux qui le cherchent, il s'accroche à ceux qui le craignent et se laisse à ceux qui le saisissent. Saisissez dès à Présent votre Seigneur craignez-le et aimez-le de toutes vos forces, tant des hommes mentionnés dans la bible ou non se sont accrochés à Dieu ils l'ont cherché sans relâche et l'ont suivi sans détour, Christ les a soutenus et fortifiés, car il n'y'ait aucune force qui ne vienne de Dieu pour permettre à l'homme de résister à la tentation. Approchez-vous de Dieu d'un cœur sincère et vous verrez s'il ne se révèle pas à vous comme l'a dit le fidèle de Christ Jacques (**Jacques 4 :8**).

3. Celui qui nous prescrit l'ordonnance et qui se charge de nous guérir

Que font les médecins de ce monde ? Ils vont vous diagnostiquer et vous prescrire des médicaments, ils ne vont pas les payer pour vous si vous n'avez pas d'argent, ils ne vont pas non plus vous donner la guérison que vous cherchez, leur rôle se limite qu'à ce qui a été cité. Mais que fait Dieu ? Dieu va vous diagnostiquer, il va également vous prescrire une ordonnance et va vous guérir. Il voit en vous des défauts, il prend la peine de les corriger, il vous rend forts quand vous êtes faibles, il renouvelle votre intelligence et quand vous n'aviez pas de moyens pour payer vos médicaments, il se charge de le faire pour vous, ne le voyez pas uniquement en médicament physique, voyez cela en quelque chose de spirituel aussi, de l'âme. Dieu forme ce qui est déformé en nous. Une chose très importante avec le principe du médecin, est le fait que le médecin ne vous dira pas que Monsieur/ Madame si vous ne la respectez pas j'en ai que faire, il ne vous obligera pas non plus à la respecter, jamais il ne vous le dira, car son unique souhait est de vous voir sur pieds en bonne santé. Le principe avec Dieu est qu'il nous prescrit des médicaments bien qu'amers contribuent à notre croissance et nous guérit de nos maux. Nous devons juste lui faire confiance, croire en lui car on ne peut accepter l'ordonnance du médecin sans lui faire confiance***, Abraham a eu confiance en Dieu, il n'a pas riposté quand il fallait faire le sacrifice à Dieu en donnant son fils, il a juste accepté et en route quand son fils le questionna il répondit « Dieu pourvoira » (genèse) il eut juste confiance, il manifesta une très grande foi à l'endroit de Dieu le créateur et il est aujourd'hui appelé le père de la foi , David également a cru et mis sa confiance en Dieu quand il devrait combattre contre les philistins quand il fallait battre Goliath, ses regards étaient fixés vers l'Eternel des armées (1samuel 17 :45-51),*** votre médecin qui n'est autre que le Christ vous donnera la victoire sur tous vos ennemis, vos souffrances et vos peurs , il vous affermira , il vous soutiendra , dans ***Matthieu 11 :28 , il dit « venez à moi vous tous qui êtes fatigués, chargés , je vous donnerai du repos » ;*** Comprenez dès aujourd'hui que vous devez toute votre existence à ce Grand médecin, vous lui devez la joie que vous avez, il n'y'a aucune raison de vouloir être ingrats en face de tous ces bienfaits dans votre vie, respectez ses ordonnances qui ne sont point pénibles, et son joug est si doux, léger et agréable.

Chapitre 7 : LE SAINT-ESPRIT UN AMI, MAIS QUI PEUT S'EN ALLER

Actes 1 :8 « Vous recevrez une puissance, Le Saint-Esprit survenant sur vous… »

Quand on parle des puissances mondiales de ce monde les hommes manifestent une certaine crainte, un respect absolu ; aujourd'hui si nous devons aller à la rencontre d'une grande personnalité, nous nous arrangerons à mettre nos plus beaux vêtements pour d'autres, être bien soignés, changer sa façon de nous tenir et le plus grand de tout cela est le respect que nous allons accorder à la personne , on ne va pas se comporter avec une autorité comme avec notre ami avec qui nous jouons ensemble , allons manger ou boire ensemble non , on lui donnera ce qui lui revient de droit, une révérence comme il le mérite cet homme. C'est ainsi que nous devons voir le Saint-Esprit, certes qu'il est notre ami, mais nous devons respecter son autorité car le Saint-Esprit c'est Dieu Esprit, Le Saint-Esprit c'est Dieu sur Terre pour guider et conduire le chrétien dans la vérité (Jean 16 :13), Luc le décrit de Puissance dans le livre des actes des apôtres cité ci-haut, Jésus l'appelle l'Esprit de vérité.

Le problème avec le Chrétien aujourd'hui c'est qu'il pense que le parler en langue est un acquis et aujourd'hui les chrétiens ont chassé le Saint-Esprit à cause de leur agissements le péché de surcroît, la désobéissance à la parole de Dieu, ces choses éloignent Dieu de nous, La Bible dit dans **(Esaïe 59 :1)** que « **la main de l'Eternel n'est pas courte pour nous bénir, nos transgressions nous éloignent de lui** », dans Jésus-Christ fait comprendre aux disciples que si nous gardons ses commandements il demeura en nous, ***(Jean15 :10)*** de là j'ai compris que les commandements de Dieu ne sont pas que les paroles écrites dans la bible, mais ils sont aussi ce que lui-même va personnellement vous dire ou bien passera par quelqu'un pour vous révéler votre vie et pour que vous marchiez selon ses commandements, pensez-vous que dès qu'un homme s'en détourne le Saint-Esprit demeurera encore avec lui, non le Saint-Esprit va s'effacer , il laissera l'individu agir comme il l'entend , car deux maitres ne peuvent pas cohabiter sinon qui commandera qui ?

L'homme a tendance à vouloir imposer à Dieu sa propre volonté, il veut avoir Dieu, sa paix pour ne pas avoir renoncé à ses propres désirs. Il veut d'un Dieu soumis, obéissant, dans ce cas Dieu s'éclipse, il laisse l'homme livré à lui-même et conduire sa vie comme il la sous-entend. ***Les enfants d'Israël avaient tellement pleuré à Dieu qu'il voulait à leur tête un roi, mais Dieu n'approuva pas du tout l'idée des israélites mais tellement qu'ils insistaient il prit Saul (1samuel 9 :23) qui devint roi en Israël, la bible dit que l'Esprit de Dieu saisit Saul qui***

commença à prophétiser, mais lorsque Saul avait désobéi à l'Eternel l'Esprit de Dieu se retira de lui (1samuel 16 :14).

Détrompez-vous l'Esprit de Dieu se retire de là où on ne lui obéit pas, Samuel fit savoir à Saul que l'obéissance vaut mieux que les sacrifices ***(1samuel 15 :22),*** Dieu aime qu'on lui obéisse, il aime le respect, voilà pourquoi il a souverainement élevé Jésus-Christ c'est parce qu'il a été obéissant jusqu'à la mort. Deux maitres ne peuvent pas diriger une maison, on ne peut prétendre laisser le Saint-Esprit diriger nos vies quand nous-mêmes sommes encore maitres de nos vies, de nos corps, de notre chair, Dieu veut qu'on lui laisse toute la place afin qu'il établisse son règne dans nos vies. Le Saint-Esprit ne cohabite pas où il y'a le péché, la haine, la jalousie, le mensonge, etc…

Comprenez que si vous êtes dans le péché , du moins vivez dans le péché, le Saint-Esprit il y'a longtemps vous a quitté, Il est parti voir mieux ailleurs, vous n'êtes pas les seuls croyants, il y'en a plein d'autres qui soupirent après le Saint-Esprit, qui désirent ardemment le connaitre, l'expérimenter tandis que vous vous amusez avec lui, en physique on dit que le courant suit le chemin le plus court , où il peut bien passé, il ne peut quand-même pas passer où est placée la résistance au risque de diminuer son intensité, c'est ainsi que Dieu travaille, il ne peut aller où on lui résiste , où on bafoue son règne , Dieu veut se voir élevé dans la vie de chacun de ses enfants et non se voir rabaissé comme nous le faisons dans nos agissements envers lui, comme quand nous laissons notre côté opiniâtre prendre le dessus alors qu'il y'a ce que Dieu dit de nous aussi qui compte .

David comprit qu'après avoir péché contre Dieu, il pouvait toutefois retirer son Esprit-Saint voilà pourquoi il fit cette prière dans le ***psaume 51 :13 « Ne me rejette pas loin de ta face, ne me retire pas ton esprit saint. ».*** Nous pensons très souvent même quand nous vivons dans le péché, parler en langue suffit pour affirmer haut et fort que le Saint-Esprit est encore notre partage, non c'est faux, que chacun prenne conscience que ses agissements peuvent attrister tout comme rendre heureux le Saint-Esprit. L'Esprit de Dieu mérite d'être traité avec tout notre respect, amour et révérence.

Un jour l'Eprit de Dieu m'avait interdit de faire quelque chose celle-ci n'était pas aux yeux de Dieu je savais cela , j' en étais bien consciente , je savais ce qu'était bon ou mauvais pour moi, néanmoins je faisais ce qui était mal, pas du tout agréable aux yeux du Créateur, j'étais convaincue que le Saint-Esprit m'avait quitté parce-que je m'étais éloigné de lui, il est comme une personne , personne ne voudra rester là où on ne prend pas soin d'elle , elle finira par s'en aller, elle se sentira trop mal, car elle n'aura pas du tout sa place , en tant qu'être humain nous avons besoin d'amour, nous avons surtout besoin du respect. On peut ou ne pas vous aimer mais le respect est indispensable, cela ne veut pas dire que vous devez juste respecter le Saint-Esprit sans l'aimer, d'ailleurs il vient à nous quand nous le désirons ardemment. Ne faites pas cette erreur de laisser le Saint-Esprit s'éloigner.

Chaque fils / fille de Dieu est conscient du bien ou du mal qu'il fait si vraiment il a au moins une fois connu le Saint-Esprit, le Saint-Esprit s'éloigne de vous au moment où vous décidez de vivre à vos dépends. Ce n'est pas agréable quand vous vivez sans l'Esprit de Dieu vous ne pouvez être conduit dans la vérité, vous réussirez certes mais votre réussite aura un manque car la vérité s'est éloignée de vous. Donnez du respect au Saint-Esprit, bien qu'il soit votre ami, il est votre supérieur, entre amis vous vous donnez du respect. Dieu vous demande de ne pas attrister le Saint-Esprit par lequel vous avez été scellés.

Chapitre 8 : VOS TALENTS AU SERVICE DE CHRIST

Que savez-vous faire ? Pourquoi le faites-vous ? et pour qui le faites-vous ? Posez-vous cette question de savoir si votre talent du moins vos talents sont utilisés à bon escient ; si vous le faites pour votre gloire ou bien la gloire de Dieu, si vous le faites pour aider les autres.

Un jour j'ai compris ***la parabole des talents dans (Matthieu 25 :14-30)*** que nos talents mourraient si l'on ne les utilisait pas, Dieu a créé chaque homme avec des dons et des talents que beaucoup ne mettent en exergue à cause de la peur ou tout simplement qu'ils ne veulent pas eux-mêmes exploiter, mais détrompez-vous quand on ne sème pas un grain dans la terre ce dernier va mourir bien évidemment sans porter du fruit, c'est de même avec nos capacités. J'ai compris qu'il n'y'a pour moi rien de plus important que de servir Dieu avec ce qu'il m'a donné, car tout ce que je possède est à lui, ***Paul disait dans corinthiens quoique tu fasses, fais-le pour la gloire de Dieu, fais-le juste pour une seule cause, c'est celle de Christ,*** le problème se trouve dans nos intentions à vouloir faire le bien, on peut bien agir, on peut également utiliser nos talents pour faire le bien autour de nous, pas pour Dieu, mais notre propre célébrité, notre propre renommé, l'intention n'est pas toujours Dieu dans l'agissement du Chrétien aujourd'hui, mais se faire voir, pour éviter des rumeurs sur soi, on fait tout avec négligence, on chante pour Dieu avec distraction , quand on prêche Dieu le but n'est plus que les gens écoutent Dieu, mais qu'ils nous écoutent nous, on parle de sorte juste à plaire . Chacun de nous à son talent, deux personnes peuvent avoir le même talent, mais chacun a une valeur ajoutée à cette chose, dépendant tout de même de l'énergie que chacun y met, de son dévouement, de la conscience et du plaisir qu'il prend à la chose. Certains tuent ce qui est en eux car ils sont négligents, d'autres à cause du péché.

Croyez que vous êtes quelque chose de précieux aux yeux de Dieu, croyez aussi que Dieu a prévu faire de très bonnes choses au travers l'habileté de vos mains, de votre intelligence, de votre capacité à penser, de votre éloquence, de votre esprit de leader, de votre esprit d'analyse, de votre voix, de tout ce que vous pouvez avoir comme don, Dieu a prévu faire des merveilles avec.

Décidez dès aujourd'hui d'agir tel un vrai enfant de Dieu, renonçant à votre propre gloire tout en mettant votre espérance en Dieu en qui subsistent toutes choses. Tout ce que vous pouvez faire de bon, faites-le pour Dieu.

J'ai compris que sans Dieu nous ne sommes rien, et s'il n'avait pas voulu que je vienne au monde, je ne serai pas présente et écrire ce livre, j'ai des projets plein la tête, j'ai des objectifs à atteindre, d'ailleurs le premier livre que j'avais envisagé publier ne parlait pas vraiment de Dieu, mais j'ai pensé faire cet honneur à Dieu, pourquoi ne pas partager cette connaissance que Dieu m'a fait grâce d'avoir pour la faire connaitre aux autres cette bonne nouvelle, j'ai juste voulu mettre une de mes passions aux services de Dieu.

Quand le maitre fit un voyage, il laissa les talents à ses serviteurs et leur en donna par rapport à leur capacité. Dieu ne nous donne pas de trop, ni de moins, il nous donne à mesure que nous pouvons produire, le maitre savait qu'à celui qu'il avait donné un talent, s'il en donnait 5 ce serait juste du gâchis, la sagesse de Dieu n'est pas celle des hommes, il fait toutes choses à merveille.

Ceux qui ont une polyvalence dans plusieurs domaines peuvent tout faire et peuvent bien également exceller dans ceux-ci à condition qui le fasse pour une bonne cause, qu'il le fasse pour Dieu uniquement pour lui. Sachez dès à présent que vous ne devez pas attendre demain pour être utile à Dieu, n'attendez pas d'être meilleur pour faire la gloire de Dieu, avec le peu qui vous a déjà été donné agissez, foncez, courez, criez pour Dieu.

La bible nous dit de travailler à notre salut, nous ne devons pas juste rester au point de départ où nous avons commencé à faire l'œuvre de Dieu, certes que nous avons du talent, mais nous devons également chercher jour après jour à se perfectionner et c'est avec ce principe que le monde évolue et « la science évolue par erreur corrigée » le monde connait ce principe d'évoluer entant qu'héritier vous devez prospérer à tous égards. ***La Bible nous recommande de prospérer à tous égards comme prospère l'état de notre âme » (3jean 2 :1).***

Beaucoup des chrétiens pensent que tout ce qui a attrait à l'intelligence ne fait pas partie du chrétien , les chrétiens se voient trop dans la médiocrité, ils pensent que la richesse est faite uniquement pour ceux de ce monde alors que vous avez un père qui est si riche l'or et l'argent lui appartiennent , Salomon fut un homme remplit de sagesse et d'intelligence , mais ces choses qu'il demanda à Dieu il ne les utilisa pas pour ces propres fins, mais pour mieux conduire ou diriger le peuple d'Israël ***1Rois 4 :29-34*** , cette intelligence était uniquement pour Dieu . Il a servi Dieu avec ses biens que la bible dit qu'il offrit mille holocaustes à l'Eternel ***1Rois 3 :4*** , Salomon comprit que l'Eternel méritait tout son amour, tout ce qu'il pouvait avoir, il est malheureux de voir des chrétiens vouloir amasser tous les trésors de la Terre mais sans pour autant offrir à Dieu ce qui lui revient de droits, Le chrétien est égoïste, on dit qu'on aime Dieu juste quand il faut lui donner notre cœur, ainsi nous disons que nous l'aimons, au contraire , l'amour ne se limite pas qu'aux paroles , il nécessite bien évidemment des preuves bien tangibles qui prouvent que l'on aime quelqu'un . Quand un homme aime une femme, il fera son mieux de gagner le cœur de cette femme en lui prouvant son amour, en lui donnant des cadeaux, en étant à son service, être disponible pour elle, c'est ce que Dieu nous demande de faire. Ce que nous savons donner, ce que nous pouvons faire faisons le pour Dieu, chaque humain a du prix aux yeux de Dieu, le problème est que chacun ne prends pas conscience de la valeur qu'il a, de ce qu'il peut apporter à Dieu et à ce monde pour l'unique gloire de Dieu, souvenez-vous toujours du message de Paul, quoique vous fassiez, dites-vous au préalable si ce que vous voulez commettre glorifie le nom de votre père céleste, vous avez tout pour réussir votre vocation, vous avez tout honorer Dieu, n'attendez pas demain , agissez , osez dès à présent pour Dieu.

Chapitre 9 : DE LA RELIGION À LA VRAIE CONNAISSANCE DE CHRIST

Pesez-vous la question qui est Christ ? et c'est quoi la religion. Être religieux est différent d'avoir la connaissance de Christ, Plusieurs d'entre les chrétiens se font religieux que chrétiens, la chrétienté est un mode de vie que vous devez avoir, vous devez manifester la vie de Christ

1. La religion et ses réalités

La religion nous impose des lois, une manière de vivre qui doit respecter toutes les règles établies, la religion regarde ceux qui ne font pas comme vous d'égarés sans pourtant leur apporter la bonne nouvelle qui est l'évangile de Christ. Quand vous êtes religieux vous avez une aversion pour les païens, vous vous sentez saint et vous les autres pour la souillure. Quand Dieu a parlé à Pierre dans le songe qu'il devrait aller chez corneille dans **(actes10 :13-15.)** Pierre a considéré cet homme en souillure dans son songe, mais ce n'était pas du tout la pensée que Dieu lui-même avait pour cet homme, il voulait que ce dernier soit oint par Pierre, l'esprit religieux nous empêche de connaitre Christ dans sa profondeur, de chercher sa volonté, l'esprit religieux se contente que des règles établies sans pourtant avoir une relation parfaite avec Dieu, Jésus-Christ n'était pas du tout religieux sinon il ne marcherait pas avec des disciples car ils n'étaient pas de même nature que lui, il était Dieu sous forme humaine, s'il avait vu ses disciples en pécheurs sans vouloir leur apporter son aide, il ne les aurait pas appelé près de lui, il n'a pas regardé à lui-même , mais à nous et notre condition de pécheur pour apporter son aide et non nous critiquer.

Le problème avec le chrétien aujourd'hui est de toujours critiquer à la place qu'il faut apporter des solutions, il critique, mais quelles sont les suggestions ? Nous ne savons que parler sans apporter notre contribution. La religion nous fait penser que nous sommes meilleurs que les autres sous prétexte qu'ils n'ont pas la grâce, un jour un homme de Dieu m'a fait comprendre que Dieu gère tout le monde car c'est lui qui nous a créés, il fait tomber sa pluie sur tous les humains, c'est lui qui les a créés et il est de son ressort de veiller sur eux. Dans la religion il n'y'a pas de place pour la grâce car le principe avec elle c'est que nous faisons pour avoir ce que nous avons, on se donne une impression de fournir assez d'efforts pour plaire à Dieu, si on s'en tenait qu'à cela personne ne verrait Dieu, je n'insinue pas que nous devons nous livrer au mal pour reconnaitre la grâce de Dieu, non.

Dans la religion vous verrez que vous devriez fournir assez d'efforts ; vous vous verrez vous atteler sur certaines choses qui n'ont pas attrait au royaume des cieux, je me rappelle encore quand j'étais dans les faux discours de la religion, je voulais quitter mon église pour une autre église que j'estimais meilleure que la mienne, car je pensais que mettre les pantalons était un péché, ce discours était ancré en moi que j'avais basé ma vie chrétienne sur des détails. Dieu se révèle à chaque être humain de différentes manières, il confie à chacun une mission bien spécifique qu'il ne donne pas à un autre tout cela selon sa propre volonté.

Ne réduisez pas le sacrifice de Jésus-Christ pour un vêtement quelconque. Ou encore un tissu bon marché, le sacrifice de Jésus-Christ sur la croix du calvaire vaut bien plus que cela. Pour ma petite histoire, je cherchais tellement à connaitre Dieu, je ne voulais pas ne serait même une minute m'écarter de la voie de Dieu que je voulais vivre sa parole à 100 % de mes propres efforts, croyez-moi je ne savais ce qu'était connaitre Christ réellement, certes je lisais la bible, Paul a prêché sur la grâce tous le savons dans le livre de Romains, mais une idée palpable de ce mot je ne l'avais pas car j'étais beaucoup plus religieuse. Pierre aussi a manifesté ce côté religieux quand il a dit qu'il pouvait donner sa vie pour le Messi, il voulait montrer à Dieu qu'il l'aimait tant ***(jean 13 :37)***. Nous sommes beaucoup religieux, nous voulons montrer à Dieu que nous l'aimons en faisant tout de nous-mêmes, Dieu n'aime pas cela, il aime être obéi et respecté, il aime l'obéissance, une relation avec Dieu vous permettra de comprendre beaucoup de choses, de là vous connaitrez vraiment qui est Dieu et ce qu'il vaut vraiment. Beaucoup sont chrétiens san pourtant connaitre Christ, de ce fait c'est quoi connaitre Christ ?

2. La vraie connaissance de Christ

Généralement on connait mieux une personne quand on est intéressé par elle, quand sa vie nous inspire et on voudrait lui ressembler, pour ce faire on cherchera à connaitre la personne pour lui ressembler, ses gouts, ses dégouts, tout ce qui est en relation avec elle, dès lors que la vie de Christ ne nous inspire pas nous ne pourrions pas vivre comme lui, dans ce monde on parlera de Mentor, Coach etc… Ces personnes qui nous motivent à qui l'on veut ressembler un jour, Christ doit être le mentor par excellence de chaque Chrétien. Connaitre Christ se résume à connaitre sa parole , pas pour plaire, mais pour être enraciné en elle , connaitre des versets bibliques par cœur c'est bien beau , connaitre le fond de ce que l'on connait est encore beaucoup mieux, je me disais cela avant jusqu'à ce que je ne rencontre deux hommes, leur connaissance de la parole m'a trop marquée, et a laissé en moi cette envie de connaitre Christ davantage, sa vie et à vouloir moi aussi être un modèle pour les autres, je retenais les versets sans connaitre le message derrière chaque mot de ces phrases. Connaitre véritablement Christ revient à aimer la lecture de la parole, si dans ce monde nous lisons les livres pour être cultivés, être en mesure d'intervenir lors d'une conversation quelconque sur un sujet que nous savons, nous devons le faire autant pour Christ, nous devrions chercher à l'appréhender de mieux en mieux dans l'écoute, la lecture et la méditation de la parole, on ne connait pas Dieu qu'en priant, on étudie qui est Dieu par sa parole. Parler avec une personne ne suffit pas pour la connaitre, mais il faut la fréquenter plus souvent et l'observer plus souvent, le plus important c'est de la considérer pour avoir cette envie de lui parler de le comprendre ; connaitre Christ vous aidera à faire un très grand pas dans votre vie chrétienne, cette connaissance de Dieu affermira votre foi, car la foi vient de ce qu'on entend et ce qu'on entend de la parole de Dieu. ***(Romains10 :17).*** On acquiert la connaissance de Dieu à mesure que nous la désirons, que nous nous sacrifions pour l'avoir, Cicéron dit que : « La connaissance est un pouvoir » quelle qu'elle soit, celui qui la possède entre ses mains a le pouvoir que d'autres n'ont pas. Ici nous parlons de la connaissance de Dieu qui vaut toute la connaissance de ce monde, recherchez à connaitre réellement Christ pour votre vie et cela vous évitera tout vent de doctrines, soyez surtout amis de la parole, qu'elle soit pour toujours votre amie, votre compagnon de tout le temps.

Josué 1 :8, le manque de la connaissance est ce qui nous détruit (osée 4:6), que la connaissance de Dieu soit votre partage au Nom Précieux de Jésus-Christ

Chapitre 10 : LE PLUS IMPORTANT POUR VOUS

Le plus important pour vous, cette question, souvent il arrive que l'on nous la pose, chacun répond selon ce qu'il veut et désire ardemment et vous qu'est ce qui est plus important pour vous ? serait-ce votre travail, vos études, votre diplôme, votre mari, votre ministère, votre épouse ? vos projets ? votre vision ? bref tout ce que vous voulez, mais maintenant que vous vous êtes séparés des choses séculières, vos regards sont-ils toujours portés vers elles ? votre intérêt à faire un nombre de choses est-il toujours le même ? En tant que fils / filles du royaume nous devrions regarder toujours au royaume de Dieu, Dieu nous a appris cela dans ***(Matthieu 6 :33)*** Le cœur de l'homme forme des projets que parfois il ne sait par où commencer mais son cœur y est tellement attaché qu'il peut être prêt à tout faire pour atteindre son objectif, pour se démarquer, se faire remarquer, se faire apprécier. Souvent on fait des choses même pour Dieu juste dans le but d'être vu des autres, d'être apprécié par nos frères et sœurs. Est-ce Christ le plus important dans votre vie, est-ce votre vie le plus important ?

Le Seigneur Jésus-Christ lui-même nous a demandé de renoncer à nous-mêmes si nous voulons le suivre ***(Matthieu 16 :24).*** C'est un sacrifice, cela demande beaucoup d'humilité, d'amour c'est similaire à l'amour d'une mère pour ses enfants, la nature nous le montre , les poules chaque fois qu'il y'al la pluie prennent la peine de protéger leurs petits, elles s'oublient elles-mêmes pour leurs poussins, quand on vient à Christ et que l'on ne se laisse pas façonner par l'Esprit de Dieu, quand on ne porte pas sa croix, il est très difficile de le suivre car nous serons tentés de toujours retourner à la case départ , nous ne trouverons aucun intérêt.

Regardez un peu au sacrifice qu'Abraham s'apprêta à faire à Dieu, il avait oublié la souffrance qu'il a endurée, le temps qu'il a fait pour voir l'accomplissement de la promesse celle d'avoir ce fils qu'il devrait en retour encore sacrifier pour Dieu ***(Genèse 22 :1-14)*** voyez-vous cette dimension de s'oublier et de regarder qu'à Dieu, c'est ce que l'on appelle mettre Dieu au premier plan, ce qu'on appelle le dévouement, la dévotion et Job lui qui avait toutes les richesses de son époque, mais quand il perdit tout ce qu'il avait qu'est-ce que sa femme lui dit ? d'insulter Dieu pour qu'ils meurent, Job avait bien conscience que Dieu vaut bien plus que ses richesses , Dieu vaut mieux que les avoirs et toutes les richesses .

Cette chanson : Au-dessus de tout

Au-dessus des puissances, au-dessus des rois
Au-dessus de la nature et de la création

Au-dessus de tous les plans des hommes sages
Bien avant le monde, tu existais
Au-dessus des royaumes, au-dessus des trônes
Au-dessus des merveilles que ce monde a connues
Par-dessus tous les trésors de la Terre
Rien ne peut mesurer ta valeur Rien ne peut mesurer ta valeur

Cette chanson je l'aime, réalisez les paroles de cette chanson vous comprendrez que Dieu vaut bien plus que ce que nous pensons de lui, il est au-dessus de notre sagesse, de nos richesses, de toute la création.

De Lenny Leblanc

Dieu n'est pas qu'au-dessus de ce qui a été cité ci-haut, il en est de même pour notre vie, il vaut mieux que notre vie. Daniel et ses compagnons étaient des hommes qui aimaient Dieu et lui ont été fidèles jusqu'au point d'accepter la mort pour ne pas salir le nom du créateur, ils ne se sont pas donnés à l'idolâtrie pour adorer les dieux étrangers. Ils ont été fermes pour Dieu pour qu'il soit toujours honoré ***(Daniel 3 :15-16)*** grâce à la valeur qu'ils avaient accordée à leur Dieu le roi **Neboucadnetsar** avait reconnu la grandeur du Dieu d'Israël, qu'est-ce pour vous le plus important ? Un jour j'assistais à une prédication d'un homme de Dieu que je considère comme père j'ai vu dans ses yeux un amour inestimable pour Dieu, quand il parlait, j'ai eu des larmes aux yeux tellement j'étais contente de voir cela l'amour qu'il ressent est si grand pour son Dieu, le créateur, cela témoigne à quel point Dieu occupe une place très importante dans sa vie, j'ai dit en moi je veux aussi avoir cet amour dans mes yeux. Je lui ai dit ce que je pensais et je lui ai demandé c'était quoi son secret, il me fit savoir que Dieu est tout pour lui. Dès lors que vous comprendrez que Dieu est tout pour vous et il est le plus important vous saurez ne vous en ferez plus pour les choses de ce monde, les soucis de ce monde ne seront plus un problème pour vous car vous savez en qui vous avez cru, vous avez la confiance en celui qui ne faiblit jamais.

Vous vivrez chaque jour de votre vie dans la joie, car vous avez à vos côtés celui qui donne la paix, celle que le monde n'est en mesure de nous accorder, une paix paisible. Vous aurez à l'esprit que votre travail ne détermine pas votre vie, vos échecs du présent ne déterminent pas votre futur parce que c'est Dieu qui détient les règnes de votre vie, ***(romains8 :32-36)***, rien ne peut nous séparer de l'amour de Dieu, ni nos problèmes, ni nos erreurs, ni nos échecs Dieu le savait il a permis que cela arrive pour que nous ayons conscience que c'est lui le plus important, c'est lui le socle, le fondement de notre vie.

Paul aussi comme les autres héros de la bible a accepté la persécution pour la gloire de Dieu, s'il ne l'acceptait pas l'évangile ne serait pas parvenu à nous certainement, il a accepté ce fardeau pour Dieu, Paul comme tout autre humain avait des rêves, des pensées, des envies tout ce que vous savez mais il s'est totalement effacé pour laisser la place à un être supérieur l'Eternel des armées.

Ne pensez pas que votre vie vaut plus que celle des autres qui ont souffert pour Christ, ne pensez pas que vous soyez supérieurs à ceux qui ont consacré leur vie pour Dieu, vous ne valez pas plus qu'eux. En tant qu'enfants de Dieu vous devez avoir à l'esprit que votre vie peut être demandée totalement à Dieu, pour ce faire vous devriez toujours être prêt pour Dieu, non seulement être prêt mais chaque jour vous devriez vivre pour Dieu, votre vie ne vous appartient plus, mais à Dieu, vous n'êtes plus rien, vous êtes morts ! ***(Galates 2 :22 Ce n'est plus moi qui vis, mais Christ en moi)***.

Le principe pour vivre une heureuse vie chrétienne est de tout remettre entre les mains de Dieu comme un enfant qui fait pleinement et aveuglement confiance aux capacités de son père ou sa mère, pour lui le plus important c'est son père et sa mère. Votre père Céleste est le plus important, Paul dit dans Philippiens ***(philippiens 3 :8)*** pour lui tout est devenu perte, ce qui veut dire non-sens pour l'excellence de Christ, ses affirmations nous montrent l'amour le dévouement de Paul pour Dieu, Dieu même était sa passion, l'amour de Dieu vous habite afin que vous manifestiez tout ce qui est agréable à ses yeux.

Chapitre 11 : PREMIER PAS VERS LA CONNAISSANCE DE DIEU

Il ne suffit pas que d'écouter les expériences que les autres ont vécues ou connues avec Dieu pour justifier sa connaissance pour Dieu. Dieu se révèle à nous à mesure que nous nous approchons de lui, on comprend de mieux en mieux les révélations de Dieu quand elles sont personnelles, Il faudrait que tous parviennent à cette connaissance de Dieu. Il faut que chacun de nous désire croitre dans la parole de Dieu, que cet amour soit rempli en nous pour manifester une connaissance excellente de Christ.

Cet homme de Dieu que dont j'ai pu voir son amour pour Dieu était allé vers Dieu, en le cherchant, il me fit savoir qu'il peut passer des jours des nuits a cherché Christ à le comprendre dans sa parole en la lisant, en la méditant et la mettre en pratique avec l'aide du Saint-Esprit. On est plus ancrés dans les choses de Dieu quand on est aptes à mettre en pratique ce que nous lisons, cela nous renforce et nous fortifie. Le royaume des cieux ne consiste pas qu'à écouter la parole de Dieu, mais également la mettre en pratique.

Vous devriez comprendre que lorsque le désir vient à vous pour connaitre Christ, ne vous laisser pas assaillir par votre vie ou la voix qui vous condamne en vous répétant tout le temps que vous êtes un pécheur, que vous n'êtes pas digne de toucher au livre de vie (la bible), nous avons tous en nous une petite voix qui nous rappelle tout le temps nos péchés que nous commettons à longueur de journées, de mois, d'années.

Il y'a des chrétiens qui sont retenues par leur passé scandaleux et cela leur empêche de connaitre Dieu dans toute sa grandeur et miséricorde, ils sont encore rattachés au passé. Coincées dans un trou ils ne peuvent percevoir la grandeur d'un Dieu qui sacrifia son fils pour nous. Le premier pas vers la connaissance de Dieu consiste à s'oublier soi-même pour se voir comme Dieu nous voit. Nous pensons seulement que lorsque Dieu nous demande de renoncer à nous-mêmes cela ne consiste qu'à ce que nous pouvons avoir de matériel, il y'a aussi nos pensées, nos jugements. Une personne ayant renoncé à elle-même ne peut se retrouver cloitrée dans un sombre passé non ! Comprenez ceci, une fois que vous avez renoncé à vous-mêmes cela sous-entend que vous croyez en la supériorité d'un être qui a parfaitement une autorité sur vous et c'est pourquoi vous devriez oublier tout de vous, ce que vous êtes, ce que vous pensez pour mieux le comprendre avec le renouvellement de l'intelligence qu'il vous donne.

Pour marquer le premier pas vers la connaissance il faut :

1- *Oublier sans passé sombre, scandaleux ou quel qu'il soit*

(Esaïe…Ne pensez plus aux évènements passés…)

Les évènements passés sont du passé, vous ne pouvez vivre le présent en ruminant votre amer passé cela n'aura guère un effet positif sur votre vie si ce n'est la douleur, le chagrin et la tristesse, Dieu fera une chose nouvelle chose juste au moment où vous cesserez de penser à votre regrettable passé, j'ai conscience que parfois vous regretter une chose que vous n'aurez jamais dû faire si l'on pouvait vous redonner une seconde chance, mais que cette chose ne devienne pas point culminant de votre vie, la connaissance de Dieu viendra à vous non seulement du fait que vous la désirer ou vous faites des sacrifices pour l'acquérir , mais du fait que votre cœur est exempt de toute culpabilité , de tout chagrin , de tout amertume.

2- *Ne pas avoir un cœur dur*

Parabole du Semeur (Matthieu 13 :1-9)

Ce même jour, Jésus sortit de la maison, et s'assit au bord de la mer.

2 Une grande foule s'étant assemblée auprès de lui, il monta dans une barque, et il s'assit. Toute la foule se tenait sur le rivage.

3 Il leur parla en paraboles sur beaucoup de choses, et il dit:

4 Un semeur sortit pour semer. Comme il semait, une partie de la semence tomba le long du chemin : les oiseaux vinrent, et la mangèrent.

5 Une autre partie tomba dans les endroits pierreux, où elle n'avait pas beaucoup de terre: elle leva aussitôt, parce qu'elle ne trouva pas un sol profond;

6 mais, quand le soleil parut, elle fut brûlée et sécha, faute de racines.

7 Une autre partie tomba parmi les épines : les épines montèrent, et l'étouffèrent.

8 Une autre partie tomba dans la bonne terre : elle donna du fruit, un grain cent, un autre soixante, un autre trente.

9 Que celui qui a des oreilles pour entendre entende.

Un cœur rocailleux ne peut recevoir la parole de Dieu, la parabole du semeur montre que le chrétien a plusieurs types de cœurs, mais ici ce qui nous intéresse c'est le cœur rocailleux, un cœur dur qui ne peut porter du fruit, ce genre de cœur empêche à un fils de Dieu de connaitre réellement son créateur, de le recevoir et de vivre la vie qu'il voudra que nous vivions, la Bible dit dans ***(Ezéchiel 36 :26)*** Ce cœur de chair que Dieu va nous donner est celui de porter du fruit, observer ses commandements et on ne peut observer ses derniers si nous ne le connaissons pas celui même qui en est auteur. Toute la vie chrétienne est basée sur la connaissance de Christ, ensuite viendront la foi, la bonté, tout ce qui constitue la vie chrétienne en général.

3- *Ne pas avoir un cœur de savant, mais celui d'un enfant*

Dans le monde de la recherche de la connaissance , on se fait enfant pour devenir grand, et même quand on devient grand on aspire encore à de plus grandes choses, c'est pourquoi les riches de ce monde sont encore plus riches et les pauvres plus pauvres parce que le riche ne se voit pas riche comme nous le voyons il se voit petit donc il se doit encore de posséder plus , il se fait petit pour devenir grand, Jésus a appris aux disciples que celui qui veut aller au royaume de Dieu devrait se faire comme un enfant ***(Marc 19 :14)*** il y'a dans les enfants aucun complexe de vie, il y'a en eux de l'humilité , le rabaissement , les enfants sont beaucoup sages et obéissants, par-dessus tout ils sont humbles d'esprit . Être comme un enfant dans la quête de notre connaissance de Christ implique que nous devons donc être humbles, ne jamais se dire que nous sommes arrivés au point culminant de notre connaissance, la vie en elle-même est une école et chaque jour est une occasion d'apprendre de nouvelles choses, on ne cesse jamais d'apprendre, surtout quand il s'agit de Dieu même toute une vie ne suffirait pour le comprendre , c'est un mystère, il n'est pas déjà un acquis , il se révèle de diverses manières auxquelles nous y attendons le moins. Dieu aime ceux qui se font petits pour les oindre véritablement, et pour qu'il se fasse lui-même connaitre à eux. Dès lors qu'on cherche Dieu, on s'oublie soi-même et tout notre monde est axé sur ce que Dieu demande de faire, sur sa volonté, sa parole, rappelez-vous toujours que l'humilité est la caractéristique première d'un enfant, faites-vous enfant pour accéder à la connaissance parfaite de Christ.

4- *Ne pas être désobéissant, mais obéissant*

Samuel dit à Saul que ***« l'obéissance vaut mieux que les sacrifices » (1samuel 15 :22)*** Dieu aime ceux qui lui obéissent, dans quasiment toute l'ancienne l'alliance, Dieu mettait accent sur l'obéissance, Abraham obéit à Dieu et cela lui fut imputé à justice, votre niveau d'obéissance détermine votre connaissance de Dieu et votre niveau de spiritualité, certaines personnes n'ont même pas de connaissance de Dieu car elles ont décidé de vivre selon leur propre désir , leur propre ambitions , projets sans s'en tenir à la place que Dieu peut avoir dans leur fameuse vie.

Il est très difficile pour un homme de se soumettre à Dieu, mais dès lors que l'on s'affirme chrétien, on doit agir en conséquence parce que nous avons déjà gouté à cet évangile qui donne la vie, la paix, l'évangile de Christ le ressuscité.

5- *Ne pas refuser à Dieu du temps*

Il y'a un principe très simple quand on veut se marier à un homme ou une femme, on se dit s'accorder du temps afin de mieux se connaitre car le mariage est un engagement à vie, aujourd'hui certainement vous ne pouvez épouser un homme ou une femme que vous venez de rencontrer à peine hier, que savez-vous à son propos ? quasiment rien pour ce faire on parle de fiançailles qui vous permettront d'apprendre à mieux vous connaitre , il en est de même avec Christ comment épouserons-nous Christ si nous ne lui accordons pas le moindre de notre temps, on se dit que notre temps est si précieux pour faire autre chose et Dieu comme il est miséricordieux on lui donne un résidu du temps que nous avons . Dans une journée de 24heures Dieu a 5 minutes. *« Ne vous amassez pas des trésors sur la terre, où la teigne et la rouille détruisent, et où les voleurs percent et dérobent ; mais amassez-vous des trésors dans le ciel, où la teigne et la rouille ne détruisent point, et où les voleurs ne percent ni ne dérobent. Car là où est ton trésor, là aussi sera ton cœur »* Là où est ton trésor, là aussi est ton cœur, notre cœur suit ce à quoi nous accordons assez d'importance, ce qui constitue le socle de notre vie. Soyez des enfants obéissant à la parole de Dieu et à ses commandements et vous verrez votre connaissance de Dieu croitre.

Chapitre 12 : UNE AUTRE DIMENSION DU MEDECIN : L'HUMILITE

Une autre dimension du Médecin : l'humilité, ici nous parlerons du Christ qui s'est humilié pour que pécheurs que nous sommes revenons à lui, à la source de la vie, il a été mené à l'abattoir semblable à une brebis. Le médecin que chaque Chrétien a, il a fait preuve d'humilité pour être aussi souverainement élevé et avoir un nom au-dessus de tout nom ***(Philippiens 2 :9).***

Il s'est rabaissé au même titre que nous pourtant il était Dieu, toute la divinité reposait sur lui. Il a été pendu au bois comme un criminel alors qu'il n'a jamais commis d'infamie ***(actes)***

Le monde a désiré libérer un criminel à la place de notre Seigneur Jésus-Christ ***(Matthieu 27 :17-20)***

Voyez-vous comment c'est cruel ? Un sauveur vient se donner à nous sans que nous puissions le recevoir comme il faut.

(Jean 1 : 1-13).

1Au commencement était la Parole, et la Parole était avec Dieu, et la Parole était Dieu.

2 Elle était au commencement avec Dieu.

3 Toutes choses ont été faites par elle, et rien de ce qui a été fait n'a été fait sans elle.

4 En elle était la vie, et la vie était la lumière des hommes.

5 La lumière luit dans les ténèbres, et les ténèbres ne l'ont point reçue.

6 Il y eut un homme envoyé de Dieu : son nom était Jean.

7 Il vint pour servir de témoin, pour rendre témoignage à la lumière, afin que tous crussent
par lui. 8Il n'était pas la lumière, mais il parut pour rendre témoignage à la lumière.

9 Cette lumière était la véritable lumière, qui, en venant dans le monde, éclaire tout homme.

10 Elle était dans le monde, et le monde a été fait par elle, et le monde ne l'a point connue.

11 Elle est venue chez les siens, et les siens ne l'ont point reçue.

12 Mais à tous ceux qui l'ont reçue, à ceux qui croient en son nom, elle a donné le pouvoir de devenir enfants de Dieu, lesquels sont nés,

13 non du sang, ni de la volonté de la chair, ni de la volonté de l'homme, mais de Dieu.

Le médecin est venu dans toute la simplicité possible, dans toute humilité.

(***Esaïe 53 : 1-7)***

Qui a cru à ce qui nous était annoncé ? Qui a reconnu le bras de l'Éternel ? Il s'est élevé devant lui comme une faible plante, Comme un rejeton qui sort d'une terre desséchée ; Il n'avait ni beauté, ni éclat pour attirer nos regards, Et son aspect n'avait rien pour nous plaire. Méprisé et abandonné des hommes, Homme de douleur et habitué à la souffrance, Semblable à celui dont on détourne le visage, Nous l'avons dédaigné, nous n'avons fait de lui aucun cas. Cependant, ce sont nos souffrances qu'il a portées, C'est de nos douleurs qu'il s'est chargé ; Et nous l'avons considéré comme puni, Frappé de Dieu, et humilié. Mais il était blessé pour nos péchés, Brisé pour nos iniquités ; Le châtiment qui nous donne la paix est tombé sur lui, Et c'est par ses meurtrissures que nous sommes guéris. Nous étions tous errants comme des brebis, Chacun suivait sa propre voie ; Et l'Éternel a fait retomber sur lui l'iniquité de nous tous. Il a été maltraité et opprimé, Et il n'a point ouvert la bouche, Semblable à un agneau qu'on mène à la boucherie, A une brebis muette devant ceux qui la tondent ; Il n'a point ouvert la bouche.

Le degré de l'humilité du Seigneur Jésus doit beaucoup nous enseigner, il doit être toujours le modèle que chaque croyant doit suivre, l'humilité de Jésus a précédé sa gloire, il s'est fait très petit, serviteur pour un peuple qui ne l'a pas reconnu

Chapitre 13 : SUR QUOI EST BÂTIE VOTRE FOI ?

On se pose la question de savoir c'est quoi la foi et si nous l'avons vraiment, on doute de notre propre foi, chose étrange hébreux 11 nous donne un bref aperçu de la foi.

Hébreux 11 :1

1 Or la foi est une ferme assurance des choses qu'on espère, une démonstration de celles qu'on ne voit pas.

Une ferme assurance des choses qu'on espère, quand vous dites ***à demain*** à quelqu'un que vous rassure-t-il que vous soyez en vie le jour d'après ? C'est ça aussi la foi, nous avons la ferme assurance d'avoir la vie tous les jours, jour après jour. Mais cette foi hélas ne repose pas toujours sur Dieu, parce que nous pensons que c'est un acquis. Le type de foi que vous devriez avoir n'est pas celui basée sur la force humaine, mais sur Dieu et uniquement sur lui.

Ne voyez pas ce que vous avez ou ce que vous pouvez être comme un acquis, mais mettez votre foi au créateur de toute chose.

Aujourd'hui tous croyants que nous sommes pouvons affirmer qu'Abraham est notre père dans la foi tout en ignorant ce que ce dernier a dû mettre de côté pour avoir totalement confiance en Dieu ; la foi d'Abraham était sans tache, ni ride, elle n'était pas douteuse, mais obnubilée par Dieu axée sur les capacités de Dieu à tenir ses promesses, il savait aussi que Dieu est celui qui donne mais il est aussi celui qui reprend, en route pour sacrifier Isaac, il a juste gardé sa foi en son créateur, ***(Genèse 22 :1-14)***.

Evidemment que l'Eternel se pourvoit à ceux qui ont mis en lui leur confiance. ***(Psaumes 37 :5-6).***

J'aimerai que vous reteniez ceci : Je ne vous dis nullement de croire uniquement à ce que Dieu peut vous donner, mais de regarder à sa propre personne ; la foi est loin d'être basée sur le matériel, elle est spirituelle.

De nombreuses personnes commettent l'erreur de penser que quand on parle de la foi, elle est juste sujette à requête de prière qui attendrait un exaucement. La foi va bien au-delà de demander, il y'a une partie de l'amour dans la foi, car la foi est l'accomplissement de l'amour.

1. L'amour

La foi doit au préalable être bâtie sur la l'amour, c'est parce qu'on aime qu'on se confie facilement parce qu'on estime être compris par cette personne que nous portons à cœur.

Tous ces hommes qui crurent en Dieu, ces héros de la foi ont dû cultiver leur amour pour Dieu, une passion, une dévotion. Daniel et ses compagnons n'ont guère voulu se prosterner devant les dieux étrangers, ils ont préféré la mort car ils aimaient Dieu, ce serait pour eux une trahison que de se prostituer aux dieux étrangers de Neboucadnetsar.

Joseph chez **Potiphar**, rien n'a pu ébranler sa foi, son dévouement envers l'Éternel, sa foi fut si solide, aucune chose de ce monde ne pouvait être comparable aux bienfaits de Dieu dans sa vie, j'ose croire que même si ce dernier menait une des misérables vies pour rien au monde il vendrait sa foi en échange de quelque chose. (**Genèse 39 :5-8**) combien de chrétiens succomberont aujourd'hui quand il s'agirait de renier leur foi pour les choses de ce bas monde.

Paul était dans le même cas, la souffrance qu'il portait dans son corps n'était pas une embûche à sa foi, au contraire s'il subsistait encore c'est parce qu'il y'a un DIEU quelque part qui se souvient de lui. Un jour lors d'un enseignement d'un homme de Dieu, il disait que Paul avait parlé de la grâce mais ses souffrances n'en reflétaient pas du tout un instant. Mais cette maladie dans son corps ne l'a pas empêché d'être ce Paul que nous avons connu grâce à son amour pour Dieu. Il va accepter d'être maltraité pour la cause de Christ (*actes 23*).

2. Les capacités de Dieu.

Ce n'est ni par la force, ni par la puissance, mais par mon esprit. Il y avait un homme de la foi nommé Goforth qui par son témoignage marqua l'histoire des chrétiens de notre ère.

Jonathan Goforth (voir les héros de la foi) qui adopta ces paroles de Zacharie 4 :6, il avait foi aux capacités de Dieu, son Esprit, ayez foi en ce que vous savez que Dieu est rémunérateur de ceux qui le cherchent, son Esprit vous a été donné pour vous simplifier les choses, pour vous conduire et vous guider. David dans le ***Psaumes 23,*** Sa foi était en Dieu, David quand il devait combattre Goliath, il savait qu'il avait un Dieu qui marchait avec lui, un grand Dieu à ses côtés, il ne devrait craindre aucun mal, il devrait être fortifié même étant à bout.

Ne t'ai-je pas dit fortifie-toi et prends courage ? (Josué1:9) Dieu donne cet ordre à Josué d'être toujours fortifié et de savoir compter sur lui.

Ceux qui se confient en l'Eternel renouvellent leur force… (Esaïe40 :31), qu'attendez-vous encore ? Confiez-vous en Dieu et c'est la chose la meilleure qui soit. Une bonne vie chrétienne est partie d'un bon fondement dans la foi. La racine de nos maux est du fait que nous pensons Dieu incapable de faire telle ou telle chose pour nous, Dieu fortifie, il donne courage, car il est lui-même votre forteresse dans la faiblesse, un sujet d'allégresse dans la tristesse.

3. Sa parole

Le Psalmiste dit dans Psaumes 119:5 : ***Ta parole est une lampe à mes pieds et une lumière sur mon sentier,*** Cela prouve à suffisance que la parole de Dieu avait occupé toute la place dans le cœur de David, cette dernière était son guide , le squelette qu'il se devait de suivre , ***romains 10 :17*** nous enseigne que la foi vient de ce qu'on entend , et ce qu'on entend vient de la parole de Dieu, chaque fils/fille de Dieu doit quitter tout discours inutile qui peut biaiser sa foi, qui peut le détourner du droit chemin, sur quoi est bâtie votre foi? La femme à la perte de sang avait une foi telle que juste le pan de la robe pouvait la guérir, elle y croyait fermement.

Chapitre 14 : MARCHER SELON L'ESPRIT ET NON LA CHAIR

(*Galates 5 :16)*

Je dis donc : Marchez selon l'Esprit et vous n'accomplirez pas les désirs de la chair

Etant enfant de Dieu, il est de notre ressort d'être conduit par l'Esprit de Dieu. Mais avant tout c'est quoi la chair : la chair est différente du corps, ce n'est pas la peau, elle n'a pas un rapport avec le sang, ni les veines, encore moins les os. Mais la chair est une entité de notre être qui est sources de désirs et de passions, et ceux-ci sont contraires à la parole de Dieu très souvent, l'homme qui marche selon sa chair est qualifié par Paul de l'homme animal ***(1Corinthiens).***

L'animal est guidé par son instinct, il ne fait aucune nuance entre le mal, il ne pense pas que certains de ses actes peuvent comporter des conséquences néfastes sur sa vie ; telle est la vie d'un chrétien guidé selon ses désirs.

Tout homme quand il conçoit dans son esprit une pensée il croit automatiquement que cette dernière est juste, un homme conduit par sa chair a tendance à tout faire par le coup de l'émotion. J'ai traversé cette période également où toutes les choses que je faisais, les décisions que je prenais ont été stimulées par ma chair. En faisant un pas en arrière, je me demandais si j'étais vraiment auteure de ces choses, c'est comme agir sans prendre le temps de réfléchir, les conséquences que cela engendre vous le savez. C'est de même quand un chrétien est livré à lui-même.

La chair ne produit rien d'autre que le désarroi, elle vous écarte de la course, elle limite votre pensée, elle engendre des lamentations, des regrets.

J'ai traversé une période de ma vie un peu plus difficile car je nageais entre mes émotions et mes sentiments. La peur, le doute, l'indécision, je ne sais pas ce que je faisais, je ne savais pas quoi faire réellement.

Je regrettai amèrement ces actions posées, mes émotions m'ont égarée à tel point que chaque fois que je ruminais cela, je pleurais car c'était un choc pour moi, je me disais que ce n'était pas moi qui pouvais le faire après tout, je m'en voulais, au final j'étais la seule fautive qui blâmer, le diable ? non, j'ai compris que l'Esprit de Dieu n'était pas avec moi, ma chair avait pris la métropole de tout mon être. A ces moments-là, je pensais que tout ce que je pouvais penser était forcément juste. Mais j'oubliais un petit détail qui est ***L'Esprit de Dieu.*** Mais en échangeant avec un homme de Dieu, celui que j'appelle mon Père, il me fit remarquer que j'étais beaucoup émotive dans ma façon d'agir ou de faire mes postes WhatsApp etc. Après avoir pris conscience de cela, je compris combien j'exposais ma vie aux yeux de tous. Certainement c'est aussi votre cas, vous passez par ces moments où vous croyez avoir raison sur toute la ligne. Vous pensez à quelque chose et vous avez la ferme conviction que cette voie que vous voulez prendre est juste. Mais rassurez-vous d'abord si ce que vous vous apprêtez à faire est en unanimité avec la parole de Dieu, si vraiment c'est ce que Dieu veut ou attend de vous. Dieu n'attend pas que vous gâchiez votre vie par votre prise de décision, mais il espère que vous arriviez où il vous attend.

(Proverbes 14 :12)

« Telle voie parait droite à un homme, mais son issue, c'est la voie de la mort »

Ce passage des écritures nous montre que toutes les voies que nous pensons être juste ne le sont pas toujours. Un jour j'ai médité sur cette parole, j'ai compris combien elle est profonde, combien elle nous enseigne, de là j'ai compris que nous avons un grand besoin d'être conduit par l'Esprit de Dieu. Saul pensait que la décision qu'il prenait d'offrir les holocaustes à Dieu à l'insu de Samuel était une bonne chose, non pas du tout, il le comprit quand Samuel l'éclaircit sur ce point.

En lisant les rois d'Israël j'ai compris une chose très importante c'est qu'il y'a des gens qui sont juste censés être une porte de bénédiction pour les autres quand bien même ils ne soient guidés par l'esprit de Dieu. Il y'a eu plusieurs rois en Israël qui ont désobéi à la voix de Dieu, ils se sont détournés des commandements Divins pour suivre leur propre voie, cela n'a pas empêché à Dieu de les laisser rois, et le peuple était béni par eux.

Je veux que le peuple de Dieu comprenne une chose, une seule chose, le peuple de Dieu doit sortir des stéréotypes qui stipulent que ceux qui sont bénis sont forcément ceux qui sont conduits par l'Esprit de Dieu. Il y'a un principe très simple, Dieu fait grâce à qui il veut, il fait tomber sa pluie sur les bons comme les méchants. Nous chrétiens n'avons pas encore bien compris cela, nous aspirons fortement à ce qui est terrestre que céleste, je ne demande pas aux gens de vouloir s'appauvrir ou bien d'aimer la pauvreté, je veux que nous sachions faire la part des choses.

L'origine de tous nos max vient du fait que nous n'écoutons pas très souvent l'Esprit de Dieu, chacun fait ce que bon lui semble et ce comme il le veut et quand il veut, Jésus-Christ lui-même qui était Dieu dans la chair humaine , mais cela ne lui empêcha d'implorer l'Esprit de Dieu et de surcroit sa volonté, combien de fois nous qui sommes faits de chair et de sang, nous ses créatures.

Être conduit par l'esprit c'est être en mesure de s'oublier soi-même juste pour Dieu. S'effacer totalement pour laisser la place à un Dieu souverain, être conduit par l'esprit de Dieu c'est aussi sortir de ses vieilles habitudes, de ces vieux programmes de prières, de jeunes et de méditation, l'Esprit de Dieu mouve, il se déplace, la nuée conduisait le peuple d'Israël dans le désert n'était pas statique elle se mouvait. Quand vous êtes conduit par l'esprit de Dieu vous avez une capacité de penser à de nouvelles choses, d'innover pour la Gloire de Dieu, Dieu n'est pas dans les habitudes, Dieu est dans ce qui bouge, change. Si vous allez à l'église et que le message prêché est le même tous les jours, croyez-moi que vous allez vous ennuyer, pourquoi ? De la même manière que nous aimons le changement ainsi Dieu lui également aime le changement dans la sens de nous faire grandir. Vous n'accepterez pas manger une même nourriture tous les jours, elle vous dégoutera, les médecins non plus ne vous conseilleront pas de manger que les œufs au petits déjeuner ou que du riz au diner, mais ils vous demanderont de varier, de varier votre alimentation pour l'équilibre de votre santé. Dieu aime qu'on le loue, qu'on l'adore avec des chants, des cantiques, mais surtout de nouveaux. Dieu lui-même ne se révèle pas à tous de la même manière, il se révèle tel un mystère pour les uns et pour d'autres de la manière la plus simple possible.

Dieu avait donné un ordre à Moise de lui construire un temple, à David il a dit la même chose, mais le plan n'était pas le même.

Être conduit par l'Esprit de Dieu c'est aussi être obéissant à la parole de Dieu, être ouvert à la parole, accepter les corrections et les réprimandes que la parole de Dieu vous donnera, c'est avoir une révérence pour les choses de Dieu. Obéir comme Jésus-Christ jusqu'à la mort de la croix sans avoir à ouvrir sa bouche pour riposter.

Quand vous êtes conduit par l'Esprit vous êtes dans la vérité, car l'Esprit de Dieu vous conduira dans toute la vérité (*Jean 16 :13*) être conduit par l'Esprit c'est aussi être conduit dans la vérité.

Être conduit par Esprit, c'est aussi savoir où l'on va mais en Christ, on est plus maitre de notre propre vie, mais nous dépendons de Christ, on ne fait plus rien par notre force, mais celle que Dieu nous donne. En fait se laisser conduire par le Saint-Esprit, marchez selon l'Esprit pour que toutes vos voies soient éclairées. Laissez le Saint-Esprit vous conduire et vous serez toujours dans la volonté parfaite de Dieu.

Chapitre 15 : Le pardon

Matthieu 6 :14

*« **Si vous pardonnez aux hommes leurs offenses, votre père céleste vous pardonnera aussi** »*

Le Seigneur Jésus-Christ dans ce chapitre six de livre de Matthieu a appris aux disciples comment prier, mais il a aussi ajouté une chose très importante qui est le pardon, bon nombre de Chrétiens disent qu'ils pardonnent aux hommes, mais au fond leur cœur est rempli de rancœur à l'égard de ces personnes qui les ont blessés, ou bien ils passent des années à s'en vouloir pour les erreurs commises jadis.

Mais le pardon, qu'est-ce ?

Il est très important de connaitre le sens même du pardon, le pardon est le socle même de notre paix, le pardon a deux faces ou dimensions : Pardonner aux autres, et se pardonner soi-même.

Dès lors que ces deux ne sont pas inclus en nous, nous ne pourrons avoir la paix du cœur, Dieu a pardonné à l'homme ses iniquités dans le jardin d'Eden, il s'est montré tellement bienveillant et clément envers lui qu'il a couvert sa nudité en lui revêtant d'une peau d'animal. Il a pardonné toute l'humanité en envoyant Christ son unique fils mourir à la croix.

La bible dit clairement que nous devons pardonner pour que Dieu nous pardonne également.

1- Pardonner aux autres

Romains 12 :21

*« **Ne te laisse pas vaincre par le mal, mais surmonte le mal par le bien** »*

Le pardon c'est libérer son cœur du mal que quelqu'un vous ait fait, vous l'ignorez et vous passez à autre chose, il est parfois très difficile de passer à autre chose parce-que certain choc que nous subissons laisse de telle séquelle qui nous empêche d'avancer, de tourner la page, être victime d'une trahison, une infidélité, un mensonge venant surtout des gens qui nous entourent, très souvent c'est difficile de pardonner. Pardonner est la clé de l'obtention du pardon de Dieu, ***Matthieu 6 :9***

*« **…Pardonne-nous nos offenses, comme nous pardonnons aussi à ceux qui nous ont offensés …** ».*

Peut-on espérer avoir le pardon de Dieu et ne pas pardonner à notre prochain ? Ce que vous voudrez que les hommes fassent pour vous, fassiez autant pour eux, mais le pardon n'attend pas que les autres nous pardonnent pour que nous le fassions, on obtient le pardon parce que nous-mêmes avons décidé de pardonner aux autres.

Que cela coute-t-il de ne pas pardonner ? Le pardon n'a jamais tué quelqu'un, le pardon ouvre les portes de la bénédiction, le plus grand bénéfice c'est qu'il donne la paix du cœur, pardonner n'est pas qu'une recommandation divine, c'est un devoir pour chaque chrétien.

Pardonner aux autres vous évite les blessures intérieures, des chagrins hargneux, le pardon installe la paix dans votre cœur.

2- Se pardonner soi-même

Est-ce vraiment pardonner aux autres l'unique problème auquel les chrétiens font face ? Non, pas forcément. À bien voir les choses nous souffrons grièvement du fait que nous n'arrivons pas à nous pardonner un certain nombre de chose.

J'ai passé des mois à m'en vouloir sur quelque chose que j'ai fait et que je n'aurais pas dû, je me sentais pour la personne la pire au monde, je commençais à me comparer aux autres, je les trouvais mieux que moi, au fond de moi je me demandais si telle ou telle personne pouvait faire ces choses que j'ai faites. Je me lamentais chaque fois, et je manquais de paix. J'avais bien conscience que je devrais pardonner aux autres, je m'étais accoutumée à la philosophie sartrienne celle d'assumer ses actions sans condamner les autres pour nos erreurs, je ne pouvais qu'assumer les conséquences de mes actes, j'avais pardonné sans pourtant me pardonner moi-même.

Mais un jour à l'Eglise la prédication qui a été prêchée à l'église m'avait énormément touchée que je résolus de me libérer de ce poids, ce fardeau qui me voutait. Il était dit dans ce message : « Il existe des gens que Dieu leur a déjà pardonné, mais ils sont toujours à ruminer leur action commise du passé » ce message nous incitait à changer, à se pardonner soi-même et à aller de l'avant car Dieu ne regarde pas à ce que nous avons été une fois dans notre vie, mais à ce que nous sommes devenus aujourd'hui et ce que nous serons demain, c'est ce qui lui intéresse. ***Citations du Révérend William BRANHAM***

74 Or un chrétien ne fait pas ça. Un chrétien n'essaie pas d'être ce qu'il a été, il ne regarde pas ce qu'il a été, il regarde où il va. Voyez voyez ? Ne prêtez pas attention à ce que vous avez été dans ce temps-là ; tout ça c'est terminé pour vous. Vous n'y retournerez jamais, c'est du passé. Et tout homme qui roule sur le chemin de la vie en regardant dans un rétroviseur

s'écrasera quelque part ; et il vous arrivera la même chose sur ce chemin de la vie chrétienne. Ne regardez pas en arrière à ce que vous avez été, regardez à ce que vous allez être. Paul a dit : « Oubliant les choses qui sont du passé, je cours vers le but de la vocation céleste. » 64-08223E- Questions et réponses.

Très souvent nous parvenons à pardonner aux hommes leur mégardes à notre égard, et nous oublions cela, nous avons un si grand cœur pour pardonner aux autres, mais se pardonner soi-même est le plus difficile, on se dit que c'est notre propre corps, nos propres sentiments, être blessé ne changera rien, Dieu nous a demandé d'aimer notre prochain comme nous-mêmes car il sait que l'homme s'aime, et l'amour du prochain nous pousse à pardonner, l'amour propre doit aussi être un stimulant du pardon. Dieu nous demande de pardonner autant de fois que possible. Personne ne peut compter le nombre de fois qu'il a péché contre Dieu et que Dieu lui ait pardonné, chaque jour que nous péchons, Dieu aussi prend soin de nous de nous pardonner.

Une chose très importante qui fait que nous ayons du mal à nous pardonner nous-mêmes de nos actes est la haute estime qu'on a de soi. De fois nous nous croyons trop infaillibles, invincibles face au péché, face à cette chair mortelle que nous croyons ne jamais se tromper ou commettre quelques erreurs mal placées. Nous oublions que Dieu peut tout, que nous sommes incapables, et quand cela arrive, nous nous en voulons à mourir et nous sommes amèrement tristes.

Le point culminant est que nos problèmes viennent du fait que dans chacun des actions que nous posons sont faites de façon sans que l'avis de Dieu soit manifesté. Nous devons apprendre à faire confiance au Tout-Puissant pour ne pas s'unir ce que le monde subit à cause de la perversité.

Chapitre 16 : LA REPENTANCE

*(**Matthieu 3 :2)***

Repentez-vous, car le royaume des cieux est proche.

La repentance est une action qui consiste à reconnaitre son état de pécheur et à renoncer radicalement à ce dernier. Quand on se repent de certains de ses actes, on est apte également à tout laisser pour se conformer à la parole de Dieu. On décide de changer de vie, on veut emboiter le pas pour de nouvelles choses qui nous garderont aux pieds du maitre, ces choses augmenteront notre foi, elles nous aideront à rester focus sur la parole de Dieu uniquement.

La repentance produit du fruit, quand quelqu'un décide de donner réellement sa vie au Seigneur, tout ce qui était ancien devient nouveau, ses mauvaises habitudes changeront, car le fruit de la repentance est si doux et agréable.

La vie d'un éminent chrétien est une vie de repentance, de changement, de crucifixion de la chair pour les choses à venir, dans votre vie de repentance, vous devrez vous sentir libre et non contraint à faire quoique ce soit, la repentance produit la paix du cœur, elle emmène une tristesse mais qui conduit à la joie. ***(Passages bibliques)***.

La repentance est synonyme de laisser et de ne plus revenir, de renoncer, d'abandonner quelque chose pour une autre. Quand David s'est repenti, il n'est plus jamais revenu sur ce qu'il avait commis de mal à l'égard de son serviteur (2 Samuel 11). Dans le Psaumes51 David se repent de son acte ignoble et fut vraiment attristé, mais sa tristesse n'était pas comme celle d'habitude, mais celle-ci a apporté de la joie dans son cœur et le pardon de Dieu.

Sachez que chaque fois que vous péchez pensez toujours à demander pardon à Dieu, ne pensez pas que l'on s'habitue au péché non.

Je me sentais très mal et je ne demandais plus pardon à Dieu pour les mêmes choses que je commettais, en moi était cette pensée que Dieu serait fatigué d'écouter mes prières et qu'il ne me pardonnerait plus parce-que je lui parlais que pour les mêmes choses. J'ai pensé de la manière des hommes, il est simple pour nous de s'ennuyer quand nous entendons ou regardons les mêmes choses à longueur ou même tous les jours.

Dieu est différent de ce que nous pensons, nous croyons que Dieu n'est pas au courant de ces choses, de nos souffrances, il le sait. Il sait combien nous faisons des efforts pour lui être agréable même quand on n'y arrive pas.

La repentance est la porte du ciel.

Les bienfaits de la repentance :

1- L'obtention de la miséricorde de Dieu

2 Chroniques, 7 :14

« Si mon peuple sur qui est invoqué mon nom s`humilie, prie, et cherche ma face, et s`il se détourne de ses mauvaises voies, -je l`exaucerai des cieux, je lui pardonnerai son péché, et je guérirai son pays. »

Dieu est ouvert à celui qui le cherche, quand nous nous approchons de lui, il s'approche de nous. Combien de fois le peuple d'Israël s'est éloigné de Dieu, combien ses rois ont commis des abominations à l'Éternel, mais Dieu leur a accordé une seconde chance, celle de se repentir. Dieu est tellement miséricordieux que nous pêcheurs que nous sommes pensons qu'il en a marre de nous pardonner nos offenses. Au contraire Dieu attend que nous venions à lui avec un cœur plein d'humilité en reconnaissant notre condition de pécheur.

Ne pensez pas que vous êtes le plus pêcheur sur cette terre pour ne pas vous repentir et vous n'êtes pas moins pêcheur pour ne pas vous repentir non plus. Dieu attend que tous arrivent à la repentance.

2- La repentance ouvre les portes du ciel

2 Pierre 3 :9

« Le Seigneur ne tarde pas dans l`accomplissement de la promesse, comme quelques-uns le croient ; mais il use de patience envers vous, ne voulant pas qu`aucun périsse, mais voulant que tous arrivent à la repentance. »

Le royaume est là, la venue du Christ est proche, mais le souci de Dieu est que nous parvenons tous à la repentance, nous arrivons à renoncer à nos penchants et nos désirs, nos propres priorités pour ceux du royaume. Que nous arrivons à dire j'ai laissé ceci ou cela parce que j'ai trouvé l'essentiel qui ne me sera jamais ôté, et c'est la vie en Christ. Chaque jour nous devons être à mesure de penser au royaume des cieux, à améliorer notre manière de vivre pour gagner le ciel. Le problème du chrétien aujourd'hui c'est qu'il est surpris des évènements, il mène la vie qu'il veut, je pense même qu'il oublie parfois existence du royaume, il est temps que chacun s'examine et prenne un nouveau départ, et ce départ commence par la repentance.

3- La repentance donne la vie

Ézéchiel, 18 :32

« Car je ne désire pas la mort de celui qui meurt, dit le Seigneur, l`Éternel. Convertissez-vous donc et vivez »

Dieu nous appelle à la repentance car en elle il y'a la vie. La vie éternelle de surcroît. Quand on se repent, une nouvelle eau ruisselle en nous, une nouvelle vie coule en nous comme un torrent. Étant chrétien nous devons déborder d'énergie, nous devons avoir la vie de Christ, une vie digne de l'évangile. La repentance transforme les vies sombres en leur apportant la lumière.

Une chose très capitale que j'aimerais souligner, est le fait que la repentance produit un fruit digne de son nom. Quand nous venons à Christ il est bien vrai nous acceptons de faire un pas en avant en laissant derrière nous tout ce qui est sombre, mais durant cette marche plusieurs situations peuvent nous faire succomber et quand cela arrive, il est de notre pouvoir de se relever et avancer dans la course, car la bible dit que sept fois le juste tombe, sept fois il se relève et se révéler (proverbes 24 :16) c'est de prendre conscience qu'on a péché contre Dieu et commencer un nouveau départ en se repentant et après cela viendra le fruit de notre repentance.

Chapitre 17 : PRENEZ CONSCIENCE QUE VOUS AVEZ DU PRIX AUX YEUX DU CREATEUR

Eh bien qui que vous soyez, quoi que vous fassiez, sachez que vous avez du prix aux yeux de Dieu, c'est lui qui vous a créé il a prévu pour vous quelque chose de bon.

Jean 3 :16

« Car Dieu a tant aimé le monde qu'il a donné son fils unique, afin que quiconque croit en lui ne périsse point, mais qu'il ait la vie éternelle. »

Quel prix nous avons au près du créateur, quelle valeur nous avons à ses yeux, quelques fois chrétien que nous sommes, nous nous morfondons sur notre sort, en voulant que les autres nous accordent de l'importance, en désirant leur approbation sur chaque décision de notre vie. Le chrétien aujourd'hui est devenu celui-là qui veut mendier de l'amour auprès du commun des mortels, mais où a-t-il mis son Dieu ?

Il y'a l'histoire d'un jeune homme qui m'a beaucoup touchée ce jeune homme est un qatarien (***Al Muftah Ghanim***), je me suis mise au parfum de son histoire et dans l'un de ses discours il dit : ***« j'ai été béni de beaucoup de bénédictions de Dieu »,*** Cet homme n'est peut-être pas comme vous et moi qui avons tous nos membres à leur place, néanmoins ce dernier reconnait qu'il a de la valeur aux yeux de Dieu pour qu'il soit autant béni par lui. Dieu ne regarde pas à notre personne pour nous donner de la valeur, chaque humain autant que vous êtes, vous êtes couteux aux yeux de Dieu, pour vous il est capable de donner des villes, des nations ***(Esaïe 43 : 4-5)***.

Le peuple d'Israël avait de la valeur aux yeux de Dieu voilà pourquoi pour sa liberté, Dieu frappa l'Egypte des dix plaies. Dieu donne cet ordre de ne pas toucher ses oints, ils ont du prix à ses yeux, leur valeur est incommensurable.

Vous aussi vous êtes couteux aux yeux de Dieu, il vous aime et pour vous il est prêt à tout donner, tout détruire. Dieu a laissé vivre Noé et sa famille à son époque, car Noé avait obéi à l'ordre qui a été établi. ***(Genèse6).***

Quand Jésus sur la croix devrait mourir il y'avait à côté de lui deux voleurs un à sa droite et l'autre à sa gauche, mais celui à sa droite l'avait reconnu comme Seigneur et sauveur, il a réellement cru en lui, ce dernier a été enlevé avec Jésus-Christ. Ce voleur de toute sa vie n'aurait jamais pensé être auprès de Jésus-Christ, lui qui toute sa vie a volé, il n'a fait que transgresser les lois de Dieu.

David a reconnu sa valeur quand il devrait combattre Goliath, il savait la valeur que Dieu lui accordait voilà pourquoi il ne s'en tenait pas à ce que les gens pouvaient penser de lui. Comment le peuple d'Israël le regardait, comment le peuple adverse l'appréciait, cela lui importait grandement peu, dès lors qu'il sait que Dieu lui accorde une place très importante dans son cœur, il était l'homme selon le cœur de Dieu car constamment c'est vers l'Eternel que ses yeux étaient tournés.

Un autre exemple très parlant, celui de Gédéon, Gédéon se voyait sans valeur, il se prenait pour un petit qui ne pouvait réaliser la tâche que Dieu lui confierait, il souligne les propos du genre ***« …Je suis le plus petit de la maison de mon père »,*** L'Eternel voulut changer cela, en lui donnant un autre statut : juge en Israël. ***(Juges6 :13-15)***

Dieu dit à Jérémie qu'il l'a établi prophète depuis le sein de sa mère et que les projets qu'il a formés pour lui ne sont pas les projets de malheur, mais de bonheur. Dieu a préparé quelque chose de meilleur pour tous les humains, mais que nous ignorons ; il est tel un père qui pour chaque enfant porte un projet, un plan qu'il tient fortement à réaliser ***(Jérémie1 : 4-5).***

Aucun humain ne donnerait vie à un enfant pour ensuite lui souhaiter de souffrir à moins que ce dernier soit de mauvaise foi. Et si Dieu revêt ainsi les lits des champs à bien plus forte raison nous qui sommes son bien précieux, et qu'il a tant aimé ?

(Matthieu)

Il nous revient de prendre conscience que Dieu nous accorde de la valeur plus qu'à toute la création, il nous a créé à son image et à sa ressemblance, il attend et approuve notre adoration, elle lui est d'un parfum de bonne odeur, tant qu'il existera des humains pour l'adorer comment suscitera-t-il des pierres pour le faire ?

J'ai commencé à m'apprécier à ma juste valeur, avant j'attendais toujours que l'on m'apprécie pour que je sache ce que je vaux. Je manquais juste confiance en moi et en Dieu. J'ai su que j'avais de la valeur aux yeux de Dieu quand j'ai vu l'amour de Dieu pour moi, et que Dieu peut utiliser n'importe qui à n'importe quel moment pour véhiculer un message, j'ai réalisé qu'il a mis en moi les mêmes pensées qu'un homme de Dieu de renom. Un jour je lisais le livre de l'homme de Dieu Dag Edwards Mills « les étapes menant à l'onction », j'ai trouvé ce que l'Esprit de Dieu m'avait inspiré dans son livre, sur la perte du Saint-Esprit et sur les talents, j'ai été beaucoup touchée, je réalisais combien je suis importante pour Dieu pour qu'il m'inspire autant.

Vous n'avez pas besoin que les gens vous apprécient pour tout ce que vous faites si vous le faites pour Dieu et si vous êtes convaincu que c'est Dieu lui-même qui vous l'ordonne.

Je voudrais que vous reteniez une chose très importante, nous sommes tous valeureux aux yeux de l'Eternel, mais il place plus haut en valeur ceux qui le craignent, ceux-là sont ses intouchables, ses fils bien-aimés. Dieu a pardessus tout aimé l'obéissance, du début à la fin de la bible Dieu fait une requête très importante : de lui obéir.

Commencé par la genèse jusqu'à l'apocalypse, Dieu nous demande de lui obéir, Hénoc était trouvé intègre sur toute la surface de la terre, Dieu ne voulut pas lui faire vivre les abominations des jours à venir, il fallait qu'il fût donc enlevé au ciel. ***(Genèse 5 :23-24)***

Noé trouva grâce aux yeux de Dieu, il était un homme droit et juste il craignait Dieu.

Chapitre 18 : COMPRENDRE LE PRINCIPE DE LA GRACE

« Que dirons -nous donc ? demeurions-nous donc dans le péché afin que la grâce abonde ? Loin de là ! nous sommes morts au péché, nous sommes morts dans le péché comment vivrions-nous encore dans le péché ? Romains 6 :1-2

La grâce de Dieu nous a été donnée afin que nous sortions des œuvres des ténèbres pour manifester la lumière de la parole de DIEU qui brille en nous. Paul dans une partie de sa lettre aux romains fait ressortir une notion très importante qui est la grâce, c'est par elle que nous sommes justes aux yeux de Dieu, elle n'est pas venue pour la propagande du péché, mais plutôt de son anéantissement. Malheureusement les chrétiens en font mauvaise usage.

Christ est venu avec la grâce du fait que quiconque l'acceptait recevait la vie. Contrairement à l'époque de Moise qui était marquée des lois et le peuple offrait des holocaustes et sacrifices pour les remerciements et actions de grâces sans oublier l'expiation des péchés.

Pourquoi la grâce ? Le sang des boucs et des agneaux ne pouvait couvrir les péchés de l'homme ***hébreux9 :12 « et il est entré une fois pour toutes dans le lieu très saint, non avec le sang des boucs et des veaux, mais avec son propre sang, ayant obtenu une rédemption éternelle »***, Dieu a bien voulu envoyer son unique fils bien-aimé pour que ceux qui croiront en lui aient la vie éternelle, la grâce seule peut nous rendre agréable à Dieu.

L'homme de lui-même ne pouvait respecter toute la loi et les prophètes parce-que la nature humaine est pécheresse, combien de fois essayons-nous d'être agréables à Dieu par nos propres forces, mais le péché nous attire vers le bas, un peu comme la loi de la pesanteur, mais quand nous connaissons le rôle et l'utilité de la grâce qui nous a été donnée, notre habitude change complètement. Certaines choses qui étaient difficiles à laisser ne serviront plus et il serait plus simple d'y renoncer juste parce-que la grâce transforme et change les vies.

- **Le principe premier de la grâce** est de nous montrer un Dieu compatissant qui se soucie de sa création ; imaginez-vous un instant votre vie sans la grâce de Dieu, cette grâce que même les païens reconnaissent, que sans elle ils ne sont rien à plus forte raison nous qui sommes enfants de Dieu, nous devrions accepter cette grâce pour voir les choses changer et bouger dans notre vie, aller de l'avant.

Comprendre le but de cette dernière revient à accepter l'œuvre de la croix, par son intermédiaire nous sommes sauvés. Paul a reconnu la grâce de Dieu dans sa vie, il portait dans sa chair une maladie, mais cela ne l'empêcha point d'être gracié auprès de Dieu.

- **deuxième principe de la grâce** est que Dieu ne sélectionne pas les gens à qui faire grâce, elle est imméritée , Nous faisons fausse route quand nous nous dissuadons que la grâce est sur nous à cause des efforts que nous faisons pour plaire à Dieu, loin de là , la grâce est au contraire la manifestation de la volonté de Dieu, il revient à lui seul de décider à qui déverser ses grâces et ses faveurs , on a beau s'évertuer pour l'attirer à nous ou se sacrifier pour obtenir de Dieu une chose quelconque, à lui seul de décider de nous l'accorder .

Qui Pouvait savoir que Saul de Tarse serait un canal par lequel Dieu passerait pour enseigner des peuples, gagner des nations au Seigneur, il n'était que le fruit d'une pure grâce de Dieu, je suis ce fruit également, vous y compris vous êtes le fruit de la grâce de Dieu, tout votre être lui doit beaucoup.

Un autre exemple époustouflant de cette grâce est Jonas, c'est tout simplement incroyable ce que Dieu peut faire, comment Dieu choisit ses serviteurs et ses servantes, des riches, des pauvres, des méchants, des gentils, des impudiques, des idolâtres, des cupides. Etc... Tous ceux-là Dieu les choisit juste parce qu'il veut les voir le servir.

Jonas avait fui de faire l'œuvre de l'Éternel, enfin de compte il était condamné. La grâce localise peu importe l'endroit et le lieu et le moment. ***(Livre de Jonas).***

Moïse était un homme qui n'avait pas la parole facile, mais Dieu a voulu faire de lui le libérateur de son peuple Israël, Moïse ne se sentit pas digne de la mission, mais la grâce de Dieu et sa faveur étaient déjà sur lui donc Dieu ne pouvait que mettre les moyens en place pour l'accomplissement de ce dessein.

Comme Dieu fait grâce à qui il veut, nous aussi ses enfants que nous sommes nous ne passerons pas toujours notre vie dans l'abondance. La grâce n'exclut pas les épreuves. Job a été mis à l'épreuve, c'était une épreuve d'intégrité et de foi. Être éprouvé ou privé de quelque chose n'est pas synonyme d'être disgracié de Dieu. J'ai la foi que tous avons reçu grâce aux yeux de Dieu, mais Dieu n'est pas obligé de nous donner tout ce qu'on souhaite car il est mieux placé pour savoir ce qui est meilleur pour nous. Quand telle voie semble droite pour l'homme tandis que son issue est la voie de la perdition, il nous préserve d'un grand nombre de malheurs, du pire qui soit, malheureusement nous ne le comprenons pas ainsi. Je crois aussi que la grâce divine est déversée sur tous au travers de l'œuvre de la croix. Tout le monde bénéficie d'elle. ***Jean 3 :16*** n'a pas juste parler d'Israël peuple de Dieu, mais quiconque jusqu'aux extrémités qui croirait à cette œuvre aura la vie éternelle.

Ne rapportez pas la grâce qu'aux choses matérielles, car elle vaut plus que ça. La grâce rédemptrice n'était pas pour nous donner des richesses terrestres. Mais elle est venue pour nous rapprocher du père, pour que nous ayons une relation avec Dieu le père par l'intermédiaire de Jésus-Christ le fils. ***Jean10 :10***, le maitre est venu pour que nous ses brebis ayons la vie éternelle en abondance et non les richesses en abondance, le but premier de sa venue est de nous donner la vie par cette grâce, il est dommage de voir les chrétiens qui rapportent toute la grâce de Dieu aux biens matériels.

- **Le troisième principe de la grâce est de nous sortir définitivement du péché :**

Il existe bien des choses simples que nous devrions comprendre, nous nous trompons quand nous pensons que Dieu nous a pardonné et nous pouvons faire ce que bon nous semble car la grâce est là, et à cela s'ajoute une mauvaise interprétation du passage biblique qui dit ***« où le péché a abondé , la grâce a surabondé »(Romains 5 :20)*** Le péché a autrefois abondé dans nos vies lorsque nous n'avions pas connaissance de la grâce de Dieu et maintenant que nous l'avons connue et nous avons gouté à elle , le péché n'a plus sa place. Ayant reçu la grâce l'étape qui suivra est celle de mener une vie digne de l'évangile, la grâce nous sort des ténèbres pour son admirable lumière. La grâce n'est pas un prétexte de vivre dans le péché, reconnaitre que quelqu'un a donné sa vie pour nous ne devrait pas nous donner l'audace de vivre la vie que nous voulons mener en dehors de la parole de Dieu ce serait une insulte à la personne de notre Christ.

Chapitre 19 : L'amour de Dieu

L'amour de Dieu est la chose primordiale que chaque croyant doit rechercher.

1 Corinthiens, 13 :1 - Quand je parlerais les langues des hommes et des anges, si je n`ai pas la charité, je suis un airain qui résonne, ou une cymbale qui retentit.

1 Corinthiens, 13 :2 - Et quand j`aurais le don de prophétie, la science de tous les mystères et toute la connaissance, quand j`aurais même toute la foi jusqu`à transporter des montagnes, si je n`ai pas la charité, je ne suis rien.

Un jour je me suis demandée peut-on faire des dons, offrir sa vie pour les autres et manquer d'amour ?

Si l'amour n'est pas le fait de venir en aide aux orphelins, de donner à la veuve, de faire des œuvres charitablement à l'égard de tous les démunis, de donner sa vie pour les autres, mais c'est quoi l'amour alors ?

L'amour est plus que donner, d'autres diront que l'amour a besoin de preuves et ces preuves sont des actes posés.

1 Corinthiens, 13 :4 - La charité est patiente, elle est pleine de bonté ; la charité n`est point envieuse ; la charité ne se vante point, elle ne s`enfle point d`orgueil,

1- L'amour est patient et plein de bontés

Comme c'est fabuleux ce que la bible nous révèle de l'amour de Dieu, j'aime bien cet exemple du peuple d'Israël qui s'est plusieurs fois détourné de la voie de Dieu pour suivre sa propre voie. Mais combien de fois Dieu a usé de sa bonté envers lui. La bible dit de Dieu compatissant et riche en bontés, ses bontés sont inépuisables car il est lui-même Amour. Dieu est amour et nous avons cru en son amour nous devons pour autant le manifester, le porter et le faire voir au monde. En lisant cette parole sur l'amour dans le livre de 1corinthiens 13 je compris que j'étais très loin d'être arrivée à destination, quand je définis l'amour comme dans le livre de corinthiens, je me rends à l'évidence que je n'ai pas d'amour, cela peut sembler absurde mais essayez de vous mirer devant la parole et vous reconnaîtrez la misérable âme que vous êtes. L'amour que nous devrions manifester est celui dont Paul dans corinthiens.

2- L'amour pardonne tout

1 Corinthiens, 13 :7 - elle excuse tout, elle croit tout, elle espère tout, elle supporte tout.

Vous savez ce que veut dire "Tout", le tout n'exclut rien. On pardonne tout ou rien. On ne peut pas pardonner certaines actions et d'autres, certains diront que cet acte m'a beaucoup causé de l'amertume, il m'a laissé des cicatrices irréparables, ils diront qu'ils ont été blessés et ils ne pourront pardonner cette-fois ci.

D'autres affirmeront "trop c'est trop " ils ont assez pardonné mais croyez-vous avoir assez pardonné de votre vie, j'espère juste que vous avez assez blessé les gens et qu'il était temps que vous arrêtiez également vos infames actions .

Non on n'a jamais assez pardonné. Dieu veut que nous communiquions l'amour autour de nous qu'il nous a aimés le premier. L'amour de Dieu surpasse toutes les blessures, les injures que vous avez subies durant une période donnée de votre histoire.

L'amour de Dieu pour la femme adultère a été de dire à celle-ci va et ne pèche plus sans lui reprocher quoi que ce soit, il n'a pas haussé le temps sur elle et pourtant c'était Christ le fils du Dieu vivant, il n'a jamais péché, mais comment a été sa réaction face à cette femme qui était lapidée, Dieu lui a pardonné son infamie sans la traiter de tous les noms, mais nous chrétiens aujourd'hui nous réprimandons aux autres leurs actions dans la haine en leur faisant sentir qu'ils sont plus coupables que nous avec un langage grossier.

1 Pierre, 4 :8 - Avant tout, ayez les uns pour les autres une ardente charité, car La charité couvre une multitude de péchés. L'amour de Dieu c'est aussi être plein de bontés pour couvrir les fautes des autres comme Christ l'a fait en toute honnêteté, humilité et sincérité.

3- L'amour supporte tout.

Éphésiens 4 :2 - en toute humilité et douceur, avec patience, vous supportant les uns les autres avec charité,

Très souvent c'est plus fort que nous, on a envie de toute lâcher, de s'emporter parce-que quelque chose nous a déplu de la part de quelqu'un. Ce sentiment est semblable à ce qu'on peut ressentir quand après plusieurs tentatives explications d'un sujet à quelqu'un et ce dernier ne parvient toujours pas à appréhender ce que nous lui disons. Imaginez-vous, il y'a plus qu'une incompréhension pour nous mettre aussi hors de nous. Supporter le défaut d'une personne sans en faire du commérage, sans s'en plaindre. C'est ce niveau d'amour que Dieu veut nous atteignons.

L'amour est bien au-delà de ce que nous ressentons, c'est un ordre divin. Nos sentiments changent du jour au lendemain, parfois nous nous trompons les concernant. Dieu nous l'impose, il nous oblige d'aimer indépendamment de notre ressentir et de notre vouloir. L'amour de Dieu n'attend pas que nous le ressentions, c'est un ordre divin, Dieu nous demande de le faire et nous le devons.

L'amour de Dieu est au-dessus des liens familiaux, des amitiés, du mariage etc…J'ai vu une sorte d'amour qui m'a épatée, celui de Jonathan envers David, c'était plus qu'une simple amitié, c'était de l'amour pur. Jonathan a défié son père Saul par amour pour David ***(1Samuel 18 :1 ; 1Samuel 19 :1-3)***, Dieu nous a tant aimés qu'il a donné Jésus-Christ ***(jean 3 :16).***

4- L'amour n'est point envieux

1corinthien 13

Ce genre d'amour que ledit chrétien doit porter dans son cœur pour son prochain, quand vous ne portez pas en vous la charité divine vous serez furieux quant à la réussir de votre frère ou sœur, on vous qualifiera de Caïen qui porta envie sur son frère Abel ***(genèse 4 :1-8).*** La parole nous recommande d'aimer, juste aimer, l'amour bannît toute jalousie, l'amour c'est Dieu, l'amour c'est la parole de Dieu. L'unique moyen d'obtenir cet amour c'est d'être ami de Dieu, ami de la parole, c'est par l'amour que nous offrons autour de nous que nous sommes traités de disciples de l'Eternel ***(Jean 13 :35).***

Que ces trois choses demeurent la foi, l'espérance et l'amour, mais la plus grande d'entre elles est l'amour.

Chapitre 20 : LÈVE-TOI ET AGIS

Néhémie 2 :18

« Levons-nous et bâtissons »

Une bonne vie chrétienne demande d'être un modèle exemplaire afin de porter la bonne nouvelle du royaume aux autres qui n'ont point connu l'évangile de gloire. Très souvent nous nous constituons un handicap pour parler de la parole de Dieu. C'est un sentiment tout à fait légal parce-que ceux qui doivent annoncer la bonne nouvelle se doivent d'être eux-mêmes un modèle pour les autres. Dieu a toujours incité les hommes de Dieu à agir pour lui.

Que vous manque-t-il pour agir, Que vous faut-il pour remuer, sortir de votre zone de confort, que faites-vous pour améliorer votre vie, votre situation, vos conditions ?

Le chrétien ne doit pas être paresseux, il doit se mouvoir, il doit agir, passer à l'action. Les Chrétiens très souvent croient qu'ils sont destinés à mener une vie misérable juste parce qu'ils se disent que mener une vie très aisée, avoir de grandes richesses serait désobéir à la parole de Dieu et cette pensée justifie grandement leur paresse. Mais Dieu n'a jamais rien fait de misérable, tout ce qu'il fait est bon et agréable. La bible dit ***qu'il trouva que cela était très bon*** lorsqu'il eut achevé la création. Il a créé de sorte à être fier de l'œuvre de ses mains.

Malheureusement nous chrétiens sommes inspirés par la médiocrité, la dernière place et les mauvais postes, quand nous lisons le les écritures dans la Bible nous nous rendons compte combien certains personnages ont manifesté le courage, ils ne se sont pas lamentés sur eux, pendant que le peuple d'Israël s'apitoyait sur son sort, les philistins se moquaient, ils insultaient le Dieu d'Israël pendant ce temps David ne croisa pas les bras, il agit pour sortir son peuple de l'humiliation que les philistins leur infligeaient . Les choses ne peuvent prendre une autre tournure si nous ne faisons rien, si tout le temps nous appliquons la même méthode à la même situation qui durant des années demeurent intacte. Si un péché quelconque vous lasse, et combien de fois vous avez-vous tenté de vous sortir des liens du péché, croyez-moi que votre méthodologie face à cette chose doit changer et ce de façon très radicale, demandez de l'aide à Dieu, il vous aidera. N'ayez pas la mentalité des deux espions qui ont surestimé les forteresses de la ville de Jéricho, ils ont été épouvantés par ce qu'ils voyaient, ils avaient peur.

Le problème est que parfois nous avons peur d'être vus ou appréciés par les autres, et cela met un frein à notre engagement. Dieu ne nous a pas donné un esprit de timidité, bien au contraire, un esprit de courage, d'audace cet esprit doit nous animer sans équivoque, nous devrions manifester le courage de Jésus-Christ pour avoir accepté de mourir pour l'œuvre de la croix, cette attitude nous aidera à changer notre situation misérable. Dieu lui-même nous fortifie et nous encourage, David l'a appelé ma forteresse, nous n'avons pas besoin de la motivation de ce monde qui est sans fondement, mais de celle inspirée de Dieu, et celle-ci est contenue dans la bible, les paroles bibliques sont assez réconfortantes pour nous booster dans le Seigneur.

Pour qu'il y'ait un changement dans notre vie, nous devrions au préalable avoir une connaissance de Dieu, si nous avons connaissance de ce dont Dieu est capable de faire la suite des choses sera plus aisée.

1- La parole de Dieu est la clé du succès

Josué 1 :8-9

8 Que ce livre de la loi ne s'éloigne point de ta bouche ; médite-le jour et nuit, pour agir fidèlement selon tout ce qui y est écrit ; car c'est alors que tu auras du succès dans tes entreprises, c'est alors que tu réussiras.

9 Ne t'ai-je pas donné cet ordre : Fortifie-toi et prends courage ? Ne t'effraie point et ne t'épouvante point, car l'Éternel, ton Dieu, est avec toi dans tout ce que tu entreprendras.

Dieu di à Josué de mettre en pratique sa parole avoir du succès dans ce qu'il entreprendrait. Dès lors que vous décidez d'obéir à Dieu, vous voyez votre vie être réellement transformée par Dieu, nul chrétien ne peut vivre sa vie comme bon lui semble. Dieu vous ouvrira son ciel quand votre amour pour lui augmentera, dans tout le parcours de ce livre la parole de Dieu prône au-dessus de tout. C'est une épée que chaque chrétien doit posséder, avec celle-ci nous pouvons vaincre tous les plans de l'ennemi. Méditer la parole de Dieu, l'avoir pour appui est la meilleure chose qui soit, Jésus lui-même qui était la parole faite chair étudiait cette parole à plus forte raison nous, la force d'agir vient du fait de connaitre la parole de Dieu.

2- Agissez dès aujourd'hui semblable à Néhémie : Prenez courage

Néhémie 2 :18

« Levons-nous et bâtissons »

Il ne s'agit pas de penser à Dieu ou de l'aimer, cependant, il s'agit d'agir pour Dieu. Il n'est pas souvent facile de sortir de sa zone de confort pour Dieu, de laisser sa timidité, de cacher son savoir-faire, de mettre de côté notre peur pour agir fidèlement. Les situations de notre vie changeront qu'au moment où nous déciderons de les changer. Après plusieurs persécutions Néhémie ne s'est pas laissé faire par les Sanballat et les Tobija

Néhémie 6 :13-15

13 En le gagnant ainsi, ils espéraient que j'aurais peur, et que je suivrais ses avis et commettrais un péché ; et ils auraient profité de cette atteinte à ma réputation pour me couvrir d'opprobre.

14 Souviens-toi, ô mon Dieu, de Tobija et de Sanballat, et de leurs œuvres ! Souviens-toi aussi de Noadia, la prophétesse, et des autres prophètes qui cherchaient à m'effrayer !

15 La muraille fut achevée le vingt-cinquième jour du mois d'Élul, en cinquante-deux jours.

Bien qu'ils aient voulu l'effrayer, Néhémie a pris courage car il lui fallait agir, sa mission était de rebâtir la muraille de l'Eternel. Chaque fois que vous refuserez d'agir pour Dieu, vous commettrez un péché.

Printed by Books on Demand GmbH, Norderstedt / Germany